十月革命

宣傳版畫與國際報導精選

徐宗懋圖文館 主編

趙子豪 撰文

目　錄

第二部　俄國革命與國際畫刊
國際社會的圖文記載　124

群眾革命的普世美學

徐宗懋

徐宗懋圖文館不僅收藏老照片，也持續性地收購歷史版畫，不僅是中國主題，也包括世界史範圍的重要素材。2016 年我們收集到一冊很重要的版畫集，即 1922 年蘇維埃宣傳部出版的十月革命政治宣傳畫精選，裡面挑選了 60 幅以上的版畫，全部以木刻套色印刷精製而成。

這本版畫集出版的時間，恰好是蘇維埃紅軍擊敗國際資本主義國家支持的白軍政權，是無產階級革命的歷史新階段。裡面的政治宣傳畫不僅是美術創作，而且是先前五年間鼓舞了蘇維埃以及世界人民的精神武器，發揮了改變歷史的力量；因此，它們不只是美術創作，也是歷史文物。而且，從後來半世紀人類史的發展來看，這些布爾什維克革命的美學形式，隨著各國共產黨的興起，也不斷地自我複製，影響世界各國，從而成為普世的美學。同時，我們也收藏了十月革命前後歐洲和日本報導革命新聞的相關畫刊，這些國家在革命的後期，都介入了蘇聯的內戰，他們的報導不盡然客觀，但兩相對照，無疑完整地反映了當時整體的國際形勢，這些都是這本畫冊重要的內容之一。

2017 年正是十月革命 100 周年，我們決定好好運用這本版畫集做研究和出版，特別邀請了青年作家趙子豪先生擔任撰稿工作。子豪走遍各大圖書館，閱讀相關資料，總結心得，並提出自己的創見，對每一幅圖做了詳盡的內容解析，並在序言中提供了精闢的大時代背景說明，歷時半年以上，完成了本書的編撰工作。隨著這本書的出版，我們相信在十月革命歷史研究領域上，無疑又跨出了新的一步！

第一部

俄國革命的聖像畫

革命神學的聖像畫

趙子豪

關於俄國十月革命史的研究在中外並不少見，不過，透過俄國內戰期間（1918-1922 年）的政治宣傳畫來挖掘當時的社會背景以及宣傳畫中的美學價值，本書在中文世界裡算是第一次嘗試。

1918-1922 年的俄國政治宣傳畫是革命美術中的代表作，但宣傳畫並非近百年來才有。根據考古學家的發現，早在西元前 2000 年的古埃及，人們就將招貼式的廣告寫在羊皮紙上。在印刷術發明後，英國人威廉‧坎坷斯於 1473 年首次將有關宗教內容的宣傳品張貼在倫敦街頭，以推廣宗教信仰。隨著印刷術在歐洲的普及，用於徵兵的招貼畫於 17 世紀終於在法國出現。由於收效顯著，法國國王路易十四便專門設立了張貼宣傳畫的牆體和地段，用來徵兵募款、刺激軍需生產或號召重大政治活動，從此宣傳畫成為延續至今的各種運作。

政治宣傳海報的誕生和普及

第一次世界大戰期間，政治宣傳畫風靡歐洲各國，俄羅斯也不例外。以馬雅可夫斯基為代表的先鋒派藝術家利用各種新的藝術形式來宣揚革命、鼓舞士氣，各種宣傳海報紛紛出現。李西斯基曾熱情洋溢地說：「把那些傳統的舊書拋掉！讓我們用數以百計、色彩濃烈的海報來裝飾街道。」十月革命之後，為保衛新政權，鼓舞全體勞動者與剝削階級作鬥爭，蘇維埃政府全力支持俄國先鋒派藝術家為革命創作。同時，俄國內戰時期的宣傳畫主要針對的受眾是占俄國人口比例六分之五的農民，而當時文盲比例更是占全國總人口的 90%，所以圖像傳播成為進行共產主義教育的最重要的方式，正如列寧的妻子克魯普斯卡婭所說的：「農民就像全體工人一樣，主要是用形象而非抽象公式思考。視覺圖像對農民將永遠具有重要作用，即使他們達到高度的文化水準也是這樣。」 其實，列寧早在 1902 年所著的《怎麼辦？》中就提到過：「工人本來也不可能有社會主義的意識，這種意識只能從外在來灌輸。」

因此，列寧在 1918 年 4 月頒佈「關於共和國紀念碑的法令」後，便為共產主義的宣傳工作投入大量資源和人力，而比起舉行講座、散發小冊子、樹立紀念碑等宣傳模式，政治宣傳畫更具有重要的地位。即使在兵荒馬亂、資源缺乏、交通和印刷技術陷入癱瘓的內戰期間，也有多家出版社致力於蘇維埃政治宣傳畫的出版工作，其中包括蘇維埃文化出版部門（Litizdat）、國家出版中心（Gosizdat）、還有俄羅斯電訊局（羅斯塔）等。第一幅蘇維埃政權的宣傳畫於 1918 年 8 月出現在彼得格勒的大街上。從此，在俄羅斯先鋒派藝術家們的共同努力下，全國充滿戰鬥語言和革命圖像，僅在內戰期間就創作出版三千多幅政治宣傳畫，而宣傳畫的總發行量達 37.5 萬之多。美國記者阿爾波斯‧威廉斯於 1923 年寫道：「到訪俄國的

人被大量的宣傳畫所吸引——工廠和營房的牆上、火車上、電線杆上——到處都是。」政治宣傳畫的研究者維多利亞・邦內爾也曾說過：「自 1789 年法國大革命之後，還沒有哪個國家像蘇俄的政治教育具有如此規模。」

新聞變成圖像，念經變成口號

本書共收錄 62 幅內戰期間的政治宣傳畫。儘管從理論上說，可以按照宣傳畫的作者、發表日期、宣傳內容等方面進行分門別類，但事實上，部分海報的作者資訊不詳，無從考證。除為數不多的署名作者以外，其他宣傳畫的作者也是前人根據其畫風推測出的。至於具體的發表日期，在那個動盪不安的年代，蘇維埃政權尚未鞏固，未能詳盡記載，所以只能根據海報內容或「羅斯塔之窗」的編號得出年份而已，事實上，不少「羅斯塔之窗」作品連編號也沒有。再者，如果按照宣傳內容進行劃分，固然可以分成第三國際、掃盲運動、俄波戰爭、伏爾加大饑荒等類型，但有相當一部分海報，如《世界帝國主義的滅亡》、《逃兵給誰帶來了好處？》、《世界革命的前夕》僅反應大的情況，並沒有針對單一事件。另外，由於革命期間各種宣傳主題過於繁瑣多樣，所以對宣傳畫進行細部分類存在困難。

實際上，在俄國內戰期間動盪不安的局勢下，政治宣傳畫的創作與發表往往具有相當的即時性和緊急性。譬如，為促使藝術家們加快創作，Litizdaz 的總監波隆斯基經常這樣說：「整個歐洲都在看著我們，這張海報必須在一個鐘頭內完成！」著名的宣傳畫《你加入紅軍了嗎？》便是在革命軍事委員會於 1920 年徵募新兵時，摩爾在一夜之內完成的。一如內戰時期的許多宣傳畫一樣，摩爾在《你加入紅軍了嗎？》只用了紅、黑兩種顏色，因為對於這種緊急的情形，每多增加一種顏色，就意味著消耗更多的時間。至於俄羅斯電訊局出版的「羅斯塔之窗」，其作用等同於報紙，裡面的詩畫內容必須緊密配合當時的戰鬥形勢。所以每當接到來自前方的電報，藝術家們就要迅速做出反應，在 40 到 60 分鐘之間就將新聞繪製成連環畫式的宣傳畫，並將其張貼在商店的櫥窗上、街道的牆上、醒目的柱子上等位置。馬雅可夫斯基曾說：「除了電報和機關槍的速度，別的不能和它相比。」

新生的蘇維埃政權尚未壯大，宣傳畫藝術家們卻是在它最危險的時刻，堅定不移地與布爾什維克人站在一起，用智慧和心血凝聚成戰鬥的藝術，喚醒群眾革命的意識，鼓舞革命的戰鬥精神，在艱苦的工作環境中為一億五千萬人民服務。馬雅可夫斯基——俄國未來主義藝術家、著名左翼詩人——在藝術上拋棄傳統的現實主義手法，在政治上則與布爾什維克同生死、共存亡。他在著名的長篇詩作《列寧》中描寫了

群眾對列寧的深厚感情。1919 年 10 月，馬雅可夫斯基加入俄羅斯電訊局，與契連姆內赫、馬柳京共同成為該組織的核心成員，在沒有取暖設備的工作室裡，以閃電般的速度前後創作完成約 500 幅作品，「羅斯塔之窗」中有百分之九十的文字即出自馬雅可夫斯基一人之手。馬雅可夫斯基於 1927 年回憶道：「『羅斯塔之窗』的出現，意味著一個藝術家團隊靠雙手為全國 1.5 億人民服務，意味著在一瞬間，新聞變成了圖像，法令變成了對句……意味著看到海報的紅軍士兵在衝向戰場時，嘴裡默念的不是經文，而是口號。」

革命畫家的革命意志

　　本書中，摩爾和德尼的作品數量過半。他們對於宣傳畫的創作激情毫不亞於布爾什維克者的革命熱情，在整個內戰期間各自的作品數量有五十多幅，雖風格各異，卻立場鮮明。大體上說，摩爾的宣傳畫以歌頌英雄為主，而德尼的宣傳畫大多都是諷刺敵人的繪畫。雖然他們並非共產黨員出身，但在十月革命之後，就從未背叛過布爾什維克，摩爾甚至不惜生命危險為自己的作品署名，不像其他藝術家和知識份子因擔心新的政權不會持久，為自保起見，大多不願公開自己的名字。1919 年夏，當鄧尼金攻入圖拉，願意跟隨波隆斯基為黨效勞的藝術家突然減少，唯有摩爾忍受著疲倦、饑餓與寒冷，在完成一張又一張的海報上署名「МООР」，儘管他深知一旦鄧尼金奪取莫斯科，自己將注定遭受絞刑。同樣地，德尼的革命事業始於 1919 年的喀山，布爾什維克在與高爾察克政府進行嚴酷鬥爭之時；有一次他在喀山的宣傳列車上做裝扮佈置工作，巧遇左翼詩人別得依內，他們共同的政治理想使他們在內戰期間有過多次合作。

　　用畫筆戰鬥的英雄遠不止摩爾和德尼，從阿波西特、弗里德曼、列文到柯契爾金等，無一不是為無產者服務的傑出藝術家。他們一方面繼承了俄羅斯民間版畫和聖像畫的傳統，同時深受 1905 年革命期間的諷刺藝術的影響。在此基礎上，他們發揮個人的創造力，運用無產階級特有的圖像和色彩，為布爾什維克吹響革命的號角。譬如，《沙俄時代的舊軍隊與工農紅軍的對比圖》、《蘇維埃的蘿蔔》、《文盲的生活與識字者的生活》及幾乎所有的「羅斯塔之窗」，無不是繼承了俄羅斯民間版畫的風格，使用幾張構圖簡潔的圖畫配以說明性文字，其中《蘇維埃的蘿蔔》裡的情節還是根據俄羅斯民間故事改編而來的。至於政治宣傳畫在色彩的選擇上，代表工人階級的鮮紅色在俄國傳統的聖像畫中具有「神聖」之意，而代表地主資本家的黑色在聖像裡則象徵惡魔。另外，《兒童週 —— 孩子是公社之花》中的母親形象也是借鑒了在歐洲廣為流傳的聖母瑪利亞的畫像。所以內戰期間的宣傳畫不僅忠於布爾什維克的無產階級藝術，也很符合勞苦大眾本身具有的審美情趣。

堅持群眾的語言

值得一提的是，有不少宣傳畫的圖像下方配有密密麻麻的詩文，而這些詩文均由俄國的左翼作家用非常口語化的方式寫成，甚至不排除土話和粗話的應用。如果只是按照字面意思翻譯，對於今天的讀者而言，難免一頭霧水。因此，筆者在撰文時盡可能地將其譯成現代漢語。例如，在《沙皇的小鳥》中卡薩特金所寫的詩歌裡，「你們這些殘殺同胞的兇手得到多少金銀財寶？」如果直譯，應該是「你們這些該隱，收了幾個銀幣？」（該隱是《舊約》中的殺害兄弟者）而「你們整天白吃白喝，現在就要進入墳墓了」如直譯的話，就成了「小鳥白白地弄髒莢樹叢，很快在他們的墳墓上要打進白楊椿子。」（「弄髒莢樹叢」指排便）這些土話在革命詩歌中的運用，一方面說明了宣傳畫受眾群體的文化程度，另一方面也說明了信仰東正教在俄國民眾間的普及。

蘇維埃俄國自 1918 年掀起的宣傳畫創作熱潮使得各地的街道不再寂寞，但對於擁有 1.5 億人口的大國，這些宣傳畫也不免眾說紛紜，甚至在群眾中引起爭議或笑話。譬如，很多群眾就無法理解象徵手法在宣傳畫裡的運用。一位原紅軍士兵在看到象徵主義作品《世界帝國主義的滅亡》後，做出這樣的評價：「如果外國人看到這幅畫，會以為圖中描述的是俄國的無政府狀態。」而當摩爾的諷刺畫《一個真實的天國世界》張貼在公共場所時，有圍觀的群眾居然對著它禱告起來，完全沒有領會畫裡的諷刺意涵。彼得格勒的「羅斯塔」海報畫家列別傑夫的抽象派作品更是受到強烈批評，因為勞苦大眾根本無法理解畫作想要表達的內涵。

得尼的作品因通俗易懂，在勞苦大眾間廣受歡迎。誠然，他犀利的諷刺畫筆足將敵人徹底擊倒，但在俄羅斯解密文獻已經公開的今天，讀者很容易就能發現德尼的宣傳畫中存在與歷史事實不符之處。譬如，在宣傳畫《立憲會議》中，切爾諾夫挽著的白軍將領和《鄧尼金的匪幫》中的白軍將領的形象幾乎一模一樣，使人誤以為前者就是鄧尼金。儘管在德尼的作品中，凡爾賽三巨頭的各懷鬼胎、以及鄧尼金政府的黑幫做派是屬實的，但《弗蘭格爾的宣言》所強調的「一切權利歸地主，鞭打工人和農民」，卻恰恰與弗蘭格爾真正實施的政策完全相反。事實上，弗蘭格爾於 1920 年在南俄羅斯建立軍事獨裁後，及時吸取鄧尼金的教訓，開始實施「右翼之手的左翼政策」。為了與布爾什維克爭取貧農階級的支持，弗蘭格爾認可他們在 1917 年獲得的土地，導致許多地主和富農的背離。

內戰期間形成的政治宣傳畫熱潮，隨著社會主義和平建設的到來而漸漸轉化。列寧在實施新經濟政策後，群眾對商業宣傳畫、電影宣傳畫的關注程度遠遠超越了政治宣傳畫。各式各樣的商店也重新開張了，店家們對廣告宣傳畫更熱中也顯然大於政治宣傳畫。至於在列寧時代紅極一時的先鋒派藝術家們，本來在不成熟的俄國藝術市場中地位就不高，只不過在內戰期間與蘇維埃政權唇齒相依，所以內戰一結束歷史任務也告一段落。隨著列寧時代的結束，內戰期間為蘇維埃政權服務的幾個重要出版社也都轉變歷史舞台，摩爾、德尼、契連木內赫、阿波西特等藝術家們也改變了任務。總之，在蘇聯進入和平建設時期後，政治宣傳畫的品質和數量都不如過去。到了史達林時期，社會主義現實主義藝術派別更與先鋒派作品分道揚鑣，政治宣傳畫的創作和發行也受到中央政府的統籌與監督，宣傳藝術也因此呈現出另一番風貌。儘管如此，革命宣傳畫的美學形式和內涵，經過歷史的洗禮，仍然深化於蘇聯建設時期的各種宣傳畫，並在無產階級世界革命中不斷地自我複製，走向全人類，也在人類歷史上留下清晰的足跡。

以國際視角看待俄國革命

關於 1918-1922 年俄國政治宣傳畫的意義與價值，本文已做深入探究。然而，俄國革命爆發的原因是錯綜複雜的，單單透過蘇聯政府發行的宣傳畫，讀者始終無法俯瞰全局。因此，本書添加了一個章節「俄國革命與國際畫刊」，收錄了上個世紀初法國和日本媒體對俄國革命的圖文報導，再現了俄國在 20 世紀初所經歷的動盪與變革歲月，其內容涉及 1905 年革命、二月革命、西伯利亞干涉、以及國內戰爭。作為革命宣傳畫的補充，此章用真實的影像資料激發讀者回歸當時的歷史語境，並且從國際視角出發，領略俄國革命的全貌，從而認識俄國無產階級革命的成功是歷史發展的自然規律 —— 它是由當時的國際形勢與國內矛盾共同促成的。

КАРЛ МАРКС. قارل مارقس.

Неизвестный художник. Баку.

جبلہ جہان عمرای کاشائی بوسسلہ

حکومت نشریاتی
«آذربایجان ہطبوعات مرکزی»

L'auteur inconnu. Bakou.

偉大的革命導師馬克思

蘇聯革命思想導師卡爾·馬克思的肖像畫
（佚名海報畫家，1921）。在濃濃黑煙所象
徵的工業發展中，馬克思指出了資本主義發展
的剝削本質，他堅毅的神情在濃煙中猶如白
晝般的光明，為布爾什維克黨人指出創造共
產主義天堂的偉大目標。馬克思的畫像在革
命宣傳畫中也居於首要的地位，象徵他的思
想力量無遠弗屆。

19世紀中期，工業革命推動的西方資本主義
發展達到巔峰，社會貧富懸殊帶來了種種悲
劇，基層百姓陷於饑餓和疾病的痛苦。卡爾·
馬克思，猶太裔德國哲學家，共產主義思想
家，畢生投入社會主義運動，輾轉於歐洲各
國，最後在大英博物館研讀著書，寫下了經典
著作《資本論》，以唯物史觀解釋人類歷史
的發展，剖析資本主義發展的深刻矛盾，並
提出階級鬥爭理論，預言工人階級將推翻資
本主義統治者，實現共產主義事業。1848年
他所發表的《共產黨宣言》指出：「共產黨
人不屑於隱瞞自己的觀點和意圖。他們公開
宣佈：他們的目的只有用暴力推翻全部現存
的社會制度才能達到。讓統治階級在共產主
義革命面前發抖吧。無產者在這個革命中失
去的只是鎖鏈。他們獲得的將是整個世界。」
他的激進思想催生了無產階級革命，並帶著
浪漫的色彩，鼓舞世人勇於對抗剝削制度，
創造人間天堂。他所說的「全世界無產者，
聯合起來！」成為革命者最重要的戰鬥語言。

ПРИЗРАК БРОДИТ ПО ЕВРОПЕ, ПР

Неизвестный художник. Москва

ЗРАК КОММУНИЗМА

L'auteur inconnu. Moskou

列寧為俄國人民指明了道路 (16-17頁)

俄國無產階級革命導師列寧的演講圖（佚名畫家，1924）。列寧肅立在講臺上，神情莊重，慷慨激昂，高呼「世界無產階級革命萬歲！」他左手緊握講臺邊緣，右臂高舉，食指直指前方，為無產階級革命指明了道路。講臺底座上的紅色文字出自《共產黨宣言》：「一個幽靈，共產主義的幽靈，在歐洲遊蕩」。正如這紅色文字所說，列寧上方的社會主義濃煙正彌漫於整個歐洲上空，象徵著全人類的解放事業即將邁入新時代。

馬克思是共產主義思想家，列寧則是共產主義革命的實踐家，透過嚴密的黨組織，以及武裝暴力的策略，對階級敵人絕對無情地打擊，獲得革命的成功。1917年俄國「二月革命」成功後，列寧領導布爾什維克黨，持續向資產階級民主派發動攻擊，撰寫了大批革命理論文章，他在著名的《四月提綱》中指出：臨時政府所進行的戰爭是帝國主義性質的戰爭，要想終止戰爭，就必須一切權利歸於蘇維埃。布爾什維克黨發動了「十月革命」，佔領冬宮，宣告推翻俄國臨時政府，實現無產階級專政，開闢了人類歷史的新紀元。列寧不僅締造了蘇聯，也成為國際無產階級革命運動的領袖。他的形象代表永不妥協的革命精神。

帝國主義列強對蘇俄的干涉是自掘墳墓

摩爾在《世界帝國主義的滅亡》（1919）中，運用比喻手法，將西方帝國主義者對蘇維埃政權的武裝干涉刻畫為一隻兇惡的猛獸，眼如銅鈴，蜷曲著身體將象徵俄國社會主義蓬勃發展的龐大工廠團團包圍，表現出帝國主義勢力欲顛覆蘇維埃政權的野心。然而由布爾什維克領導的工人赤衛隊、革命士兵和水兵無所畏懼，對猛獸發起圍攻，並將其雙眼戳瞎，使帝國主義者喪失了戰鬥力，而蘇維埃的政權得到鞏固，其生命力如同天空中的社會主義濃煙一般永無止息，工廠背後的太陽也發出共產主義的光芒，指引人民前進的方向。

圖下方的俄文譯作「世界帝國主義的滅亡」，如同其含義，這文字扭動著身軀，好像在做臨死前的掙扎。

十月革命的勝利徹底打破了由帝國主義者所主宰的世界格局，也使列寧更加堅信，在不久的將來，西歐各國的工人政權將徹底推翻資本主義者的統治。為了獲得喘息的時間、使無產階級革命得以繼續向前發展，為了積蓄力量修復千瘡百孔的國家並全面投入社會主義建設，新生的蘇維埃政權只有選擇讓步，與德帝國主義締結了妥協的和約。然而，以英、法為首的協約國成員唯恐蘇維埃政權在和平中得到鞏固，動員一切軍事力量，利用國內的白軍反革命軍隊，對蘇俄進行武裝干涉。蘇維埃政權不共戴天的仇敵邱吉爾曾經說過，「要將布爾什維克扼殺在搖籃裡」，並在回憶錄中寫明了協約國對蘇維埃俄國的瓜分計畫。面對內憂外患，蘇俄組建了工農紅軍殊死抵抗，再加上協約國成員又常常只顧自取所需而產生內部矛盾，帝國主義者的野心最終沒能得逞，而蘇維埃政權則得以留存。

СМЕРТЬ МИРОВОМУ ИМПЕРИАЛИЗМУ

ЛИГА НАЦИЙ

Пролетарии всех стран, соединяйтесь! „Желтый Интернационал". Российская Социалистическая Федеративная Советская Республика

Лит. Изд. Отд. Полит. Управл. Рев. Воен. Сов. Республики. МОСКВА. № 30.   Всякий, срывающий этот плакат или заклеивающий его афишей, совершает преступление.

В. Н. Дени. Москва   V. Deni. Moskou

國際聯盟是協約國武裝干涉的總參謀部

《國際聯盟》（德尼，1919）。圖中的美國總統威爾遜、英國首相勞合‧喬治、和法國總理克里蒙梭是主導巴黎和會的三巨頭。他們在會議中各懷鬼胎，互不相讓，從而導致凡爾賽的災難。在「全世界資本家聯合起來！」的旗幟下，三巨頭籌建了國際聯盟來鎮壓革命人民。

1919年的巴黎和會，是一場戰後英、法、意、日的分贓會議。主宰會議的三巨頭爭吵激烈，進行大量秘密會談。為扼殺新生的蘇維埃政權，三巨頭決議對蘇俄進行經濟封鎖，並籌建國際聯盟以對抗共產國際。另外，三巨頭在巴黎和會中擬定了帝國主義者出兵干涉蘇俄的計畫。在會議中起重要作用的協約國總司令福煦曾對克里蒙梭這樣說道：「假若您希望使俄羅斯帝國服從您的權力，您只要給予我相當的命令，我們不會有特別的困難，也不會長期作戰。幾十萬美國人、英國的志願兵和法國軍隊的共同行動，再加上鐵路的幫助，很容易就能佔領莫斯科，況且我們早就統轄了俄國的三個邊疆。」

紅軍戰士最光榮

為號召群眾加入工農紅軍，以捍衛十月革命的偉大成果，摩爾於 1920 年所作的《你加入紅軍了嗎？》。醒目的標題、簡潔的畫風及代表無產階級革命的鮮紅底色極富感染力。圖中紅軍士兵身材魁梧，目光堅毅，右手食指指著前方的觀眾，高聲問道：「你加入紅軍了嗎？」聲音高亢、嘹亮，彷彿在告訴群眾：加入社會主義的紅軍是每個俄國人的光榮使命。

在十月革命無產階級成功奪權後，蘇維埃俄國面臨重重困難，內憂外患，民間自願發起的革命武裝力量十分有限，已不足以應對國家危機。托洛茨基 —— 蘇俄最高軍事委員會主席，工農紅軍的締造者，十月革命的主要領導者 —— 斷然提出徵兵政策，並對應徵入伍者進行黨、政和工會的層層過濾，從而建立一支對布爾什維克絕對忠誠的新軍隊。為了新軍隊的籌建，托洛茨基做了大量的組織和理論宣傳工作，對工人和最貧苦的農民進行了普遍動員，最終締造了工農紅軍。紅軍在布爾什維克的領導下堅持與剝削階級、富農階層鬥爭，時刻以武裝之手從內到外保衛著國家。內戰期間，紅軍擊退了白軍反革命勢力，並將帝國主義武裝干涉者驅逐出境，成功地捍衛了世界上第一個社會主義政權。

ТЫ

ЗАПИСАЛСЯ
ДОБРОВОЛЬЦЕМ?

Д. Моор. Москва

D. Moor. Moskou

ЦАРСКИЕ ПОЛКИ

ЗА ЧТО СРАЖАЛИСЬ ПРЕЖДЕ

Д. Моор. Москва

КРАСНАЯ АРМИЯ

ЗА ЧТО СРАЖАЮТСЯ ТЕПЕРЬ

D. Moor. Moskou

沙俄時代的舊軍隊與工農紅軍的對比圖 (24-25頁)

《過去為何而戰？現在為何而戰？》（摩爾，1918）。左圖中，沙俄時代的舊軍隊作為統治階級用來剝削勞動人民的工具，顯得疲勞困乏，士兵個個愁眉不展，唉聲嘆氣，有兩名士兵還被處以絞刑，但沙俄貴族階級卻個個耀武揚威，簇擁在沙皇身旁，得意洋洋，不可一世。相比之下，右圖中的工農紅軍個個喜逐顏開，因為他們是新時代的主宰和整個蘇維埃政權的支柱。遠方蓬勃發展的社會主義工廠亦歸屬於工農蘇維埃。兩圖下方的標題分別譯作「過去為何而戰？」「現在為何而戰？」

鄧尼金政府的黑幫作風

《鄧尼金的匪幫》（德尼，1919）。鄧尼金懶洋洋地坐在前排中央，而坐他左右的，分別是他的追隨者和極端君主主義者普里什克維奇。神父站在後排禱告，由微醺的富農挽著手臂。志願兵喝得爛醉，歇斯底里地狂喊「鞭打工人和農民」。可員警反倒站在一邊，對酗酒者的行為毫不理會，因為還有一桶特供的伏特加等著他們集體享用呢！圖下方寫著「保衛蘇維埃！保衛自己的自由，自己的政權！」的口號，並附有革命詩人傑米揚・別德內依的《告農民書》，翻譯如下（節選）：

「以前地主徵賦稅，要扒農民的一層皮。如果鄧尼金的匪幫勝利了，要扒農民的七層皮。他們搜刮百姓的錢財，以補償自己的損失。他們的所有損失都將得到補償，然後肚子上長膘了。只要在農村反抗，地主就會開槍。為了徹底打倒地主，我們需要流血犧牲。與其嘗嘗鄧尼金的厲害，不如完全不給他機會。這樣我們就不會知道，受鄧尼金壓迫的滋味。」

1918年秋，在協約國的扶持下，鄧尼金率領「志願軍」於南俄建立軍事獨裁，恢復地主資本家的權利，強調土地私有，肆意掠奪財務，引起廣大工人與農民的暴動，在率領軍隊取得一系列重要戰役的勝利後，於1919年夏發出了「向莫斯科進軍」的命令。為反攻鄧尼金的匪幫，列寧在對全體黨組織發表的《大家都與鄧尼金作鬥爭》中指出：「蘇維埃共和國不應當在口頭上，而要在事實上，成為一座全副武裝的軍營。」在黨的全方位號召下，哥薩克在鄧尼金軍隊的後方騷亂起來，大批逃兵自願回到紅軍，第一批國際隊伍也趕來加入反白衛軍的戰鬥。黨中央委員會認為南部戰線是比彼得格勒戰線更為重要的戰線，於是由葉戈羅夫出任南方面軍總司令，與史達林共同籌劃反攻計畫，創建大規模的騎兵編制，經過激烈奮戰，終於殲滅鄧尼金的主力，繳獲大量戰利品，而鄧尼金退到克里米亞半島，開始流亡生涯。

ОСТЕРЕГАЙТЕСЬ МЕНЬШЕВИКОВ и ЭСЭРОВ: ЗА НИМИ ИДУТ ЦАРСКИЕ ГЕНЕРАЛЫ, ПОПЫ И ПОМЕЩИКИ.

妥協派政黨必將敗亡

《當心孟什維克與社會革命黨》（佚名畫家，1920）。圖中代表孟什維克與社會革命黨的反革命者被刻畫為體型瘦弱的小丑。他一手持著自製的旗子，上面寫著「土地與自由。人民。立憲會議萬歲！」一手牽著尼古拉二世的屍骨。「沙皇的將軍、神父、與地主緊隨其後」，可當他們發現根本無法依靠孟什維克與社會革命黨來推翻布爾什維克時，一個個目光凶煞、張牙舞爪，斗然露出反動派的真面孔。

十月革命後，與布爾什維克同存的孟什維克與社會革命黨一致抗議廢除民主，並且在協約國的指令下，分別建立「西伯利亞臨時政府」與「立憲會議成員委員會」，屠殺共產黨人，製造白色恐怖。然而，由於這些小資產階級黨派自身的分裂，他們難以靠自身的力量與蘇維埃政權抗衡，也無法保障資產階級在後方所需的秩序，導致大量工人與農民游擊隊的起義。在高爾察克與鄧尼金分別建立軍事獨裁後，孟什維克與社會革命黨人與白衛軍結成聯盟，參與反對布爾什維克的鬥爭。內戰結束後，列寧於 1921 年將孟什維克與社會革命黨徹底取締。

讓紅色的旗幟插遍全球

在阿波西特的《五一國際勞動節》（1919）中，來自世界各地的工人們圍著工人領袖聚在一起，共同接受共產主義教育。他們滿懷革命理想，無不為受資本家壓迫的勞動人民感到憤慨。他們不時地望著印有「全世界無產者，聯合起來！」的紅旗。這鮮紅的旗幟雖根植在莫斯科，卻飄揚在世界各地的上空。標題「五月一日」的下方是無產階級革命導師馬克思的格言：「無產者在這個革命中失去的只是鎖鏈。他們獲得的將是整個世界。」

五一國際勞動節，又稱國際示威遊行日，由恩格斯領導下的第二國際發起。為紀念1886年5月美國工人在芝加哥舉行的「八小時工作日」遊行。二月革命後，五一國際勞動節成為俄國人民最重要的節日之一，並且成為無產階級革命的象徵。每年的五月一日，除了紅場旁一批批蘇聯共產黨、共青團的遊行隊伍，還有大量工人在各個城市舉行示威活動。

лит. Москва

Apsit. Moskou

一切都是為了戰鬥

摩爾的《蘇俄是一座全副武裝的軍營》（1919）。反映了戰時共產主義時期，中央委員會對蘇維埃各界人員進行了具體的軍事化分工，而這一切部署都是為了戰鬥。宣傳畫以象徵共產主義的紅星為主體，而紅星的五個角代表從事不同軍事工作的五個社會團體，分別是：衝向前線的工農紅軍，運送麵包的農民，進行軍事訓練的新兵，代替丈夫務農的婦女，以及鍛造兵器的工人。他們各司其職、緊鑼密鼓地為國家軍事建設貢獻著自己的力量，從而對敵人以武力進行打擊。紅星的正中央是專門領導紅軍及一切武裝力量的工農國防委員會，代表黨對軍隊的絕對一元化領導。

蘇俄內戰爆發後，為適應戰爭的一切需要，蘇維埃政府發出「一切為了前線」的號召，使國民經濟完全服從於這一個目標，以捍衛十月革命的成果。1918 年 9 月 2 日，中央執行委員會頒發命令，正式宣佈「蘇維埃共和國是一座軍營」，並確立「不勞動不得糧」的原則，從而最大限度地提高農業與國防軍需的生產率，以供應前線所需。在 1920 年的俄波戰爭中，列寧再度強調：「國內的全部生活應當從屬戰爭，關於這一點，極小的動搖都是不容許的。」

白衛軍的末代子孫

《弗蘭格爾的宣言》（德尼，1920）。狂妄自大的軍事獨裁者弗蘭格爾欲恢復資產階級專政和「統一而不可分割的俄羅斯」，將寫有「一切權利歸地主！鞭打工人和農民！」的宣言公佈於眾。在弗蘭格爾的庇護下，神父瞇起了眼，樂得咯咯直笑，而資產階級者也滿懷欣喜，幻想著依靠弗蘭格爾的臂膀翻身。

鄧尼金失敗後，弗蘭格爾於 1920 年 3 月在南俄羅斯重新建立軍事獨裁，並利用波蘭進攻的時機，在法帝國主義的幫助下向西進攻，使紅軍損失慘重。同年 8 月，黨中央政治局將弗蘭格爾戰線劃為獨立的南部戰線，並由伏龍芝擔任南方面軍總司令。在「記住弗蘭格爾！粉碎弗蘭格爾！」的口號下，伏龍芝率領的紅軍以猛烈之勢，冒著生命危險插入彼列科普地峽，切斷了敵人與克里米亞半島的聯繫。在協約國築起的防禦工事裡，紅軍浴血奮戰，幾乎血流成河，才最終取得勝利。伏龍芝這樣描述紅軍戰士的英勇犧牲：「工人階級和農民們為了對反革命進行最後致命的打擊，付出了自己上萬優秀孩兒的鮮血。」紅軍於 11 月 16 日宣告勝利，解放克里米亞。弗蘭格爾只有逃亡到國外，成為白衛軍的末代子孫，而蘇維埃俄國則可以著手進行社會主義建設了。

V. Deni. Moskou

ПЕТРОГРАДА НЕ ОТДАДИМ

Д. Моор. Москва

D. Moor. Moskou

保衛彼得格勒

摩爾的《彼得格勒絕不投降》（1919），反映在彼得格勒陷入危難的時期黨對全國力量的緊急動員。圖中的白軍士兵乘戰艦抵達芬蘭灣，猶如一窩蜂，欲登上岸攻佔彼得格勒。然而守護彼得格勒的工人揮舞著紅旗，用刺刀直逼敵人，決不允許白軍越雷池一步。遠方紅軍的軍艦也來援助了，以有限的力量殲滅了敵人的艦隊。圖中的太陽發出金燦燦的社會主義光芒，上面用俄文印著「彼得格勒絕不投降」。

彼得格勒是「十月革命的搖籃」，因而是國內外反革命者競相奪取的焦點。1919 年 5 月，彼得格勒受到了尤登尼奇西北白衛軍的威脅；而另一方面，保衛彼得格勒的第七軍的舊軍官成群叛變，使「革命的搖籃」陷於危機。於是中央委員會發動群眾力量，派遣捷爾任斯基和史達林組織軍隊，毫不留情地打擊了敵人與叛徒。然而在同年 10 月，尤登尼奇在英國和愛沙尼亞的軍事支持下，第二次攻擊彼得格勒並很快突破第七軍的防線。彼得格勒到了生死攸關的時刻！列寧在致彼得格勒工人和紅軍的信中慷慨激昂地宣佈：「同志們，流到最後的一滴血，堅持保衛我們的每一寸土地，勝利將是我們的！」成千上萬的男女工人、共青團員以及學生們紛紛拿起武器，打擊敵人。最終第七軍和第十五軍同時出兵，使尤登尼奇軍隊受到毀滅性的打擊。肅反委員會更在工人的擁護下，用鐵腕鎮壓了反革命者和叛徒。

М. Черемных. Москва M. Tcheremnich. Moskou

В. Фидман. Москва W. Fidman. Moskou

Д. Моор. Москва D. Moor. Moskou

我是保衛和平的戰士（上）

摩爾的《如果你不想回到舊社會，就武裝起來上前線！》（1920），表明波蘭入侵者完全是資產階級舊勢力的代表。圖中陰森的房子是囚禁革命者的監獄，而敞亮的酒館是貴族階級的銷金所。此時一位工人正手持步槍，位於前方，用威武的身軀將舊社會的一切黑暗與壓抑阻隔在身後，堅決捍衛蘇俄人民的自由。讓更多的共產主義者加入工農紅軍的隊伍與波蘭白軍殊死一搏吧，現在又有兩位頭頂禮帽的資本家跳起了舞，與波蘭貴族暗通款曲，開始作威作福了。

十月革命前，波蘭的資產階級和地主在俄國擁有眾多的企業並佔有大量土地，所以十月革命後，波蘭就沒有停止過與蘇維埃國家的鬥爭，並多次發動武裝進攻。雖然蘇維埃政權多次提出締和的建議，可波蘭政府不僅不予答覆，還利用英、法帝國主義者的企圖，向協約國請求幫波蘭建立 50 萬大軍，以對付布爾什維克。1920 年 4 月25 日，波蘭皮蘇茨基政府下令進攻蘇維埃烏克蘭，並於 5 月 6 日佔領基輔，準備扶持富農出身的彼得留拉建立烏克蘭資產階級國家。對於波蘭反對無產階級專政的行動，史達林寫道：「貴族波蘭反對蘇維埃國家的進兵，根本就是協約國的進兵。如果不是協約國的援助，波蘭實在難以組織對蘇俄的進攻。首先是法國、其次是英國和美國，以武器、服裝、金錢、指導人員等慷慨地援助了波蘭。」

蘇維埃政權到了最危險的時刻（下左）

《敵人想要奪取莫斯科》（弗里德曼，1919）。圖中的反革命者頭頂皇冠，如魔鬼般逼進莫斯科，卻在紅軍的槍林彈雨裡嚇得渾身戰慄、豎起汗毛。遠處由克里姆林宮發出的光芒即將驅散舊制度的全部黑暗。圖上方的標題譯作「敵人想要奪取蘇俄的心臟──莫斯科！我們必須摧毀敵人！同志們，向前進！」

莫斯科是蘇俄的首都、布爾什維克黨的心臟，也是帝國主義干涉者和白衛軍想要奪取的目標。1919 年春，鄧尼金在致高爾察克的書信中寫道：「不要在伏爾加停止下來，而要向前攻破布爾什維克主義的中心──莫斯科。我希望在薩拉托夫和您見面。」同年夏天，鄧尼金軍隊在協約國的援助下節節勝利，在距莫斯科還有 700 公里時，鄧尼金便對全軍下令「向莫斯科進軍」。鄧尼金的指令大大助長了白衛軍、地主、資產階級者的氣焰，他們在公共場所到處掛滿「到莫斯科去」的標語。頓涅茨克的資本家甚至提出「給攻入莫斯科的第一團軍隊一百萬賞金」。

致勞動哥薩克（下右）

摩爾的《哥薩克，你到底向著誰？》（1920）向哥薩克人民宣告：不要受資產階級勢力的蠱惑，那是黑暗與奴役的無底深淵，只有蘇維埃工農紅軍才會堅定不移地站在你們身邊，並努力維護哥薩克勞動者的利益。

圖下方的文字譯作「哥薩克，你到底向著誰？是向著我們還是向著他們？」。這血一般的文字向哥薩克表明，選擇廢棄舊制度或建立哥薩克蘇維埃全在一念間。

哥薩克，東歐遊牧族群，以驍勇善戰的鐵騎著稱，一度被沙皇政權收買，為帝國軍隊服務而獲得大量土地和特權。十月革命之後，大多數哥薩克人由於缺乏政治覺悟，固守傳統，成為反蘇維埃政權的重要支柱；然而，布爾什維克依然觀察到哥薩克內部的階級分化，於是積極呼籲較貧苦的哥薩克和受革命思想影響的年輕哥薩克人加入蘇維埃紅軍。人民委員會於 1917 年底就在緊急中致信哥薩克：「人民的蘇維埃政權將幫助哥薩克勞動者，需要的只是哥薩克自己決定廢除舊制度，拋棄自己對農奴主、軍官、地主、闊人的順從，扔掉套在自己脖子上的可詛咒的枷鎖。哥薩克，站起來！聯合起來！人民委員會號召你們過更自由、更幸福的新生活。」

ВРАГ У ВОРОТ! ОН НЕСЕТ РАБСТВО, ГОЛОД, И СМЕРТЬ! УНИЧТОЖЬТЕ ЧЕРНЫХ ГАДОВ! ВСЕ НА ЗАЩИТУ! ВПЕРЕД!

Д. Моор. Москва   D. Moor. Moskou

Российская Социалистическая Федеративная Советская Республика.
Пролетарии всех стран, соединяйтесь.

День Советской Пропаганды.

ЗНАНИЕ — ВСЕМ!

НАКАНУНЕ ВСЕМИРНОЙ РЕВОЛЮЦИИ.

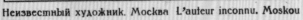

Неизвестный художник. Москва L'auteur inconnu. Moskou   Д. Моор. Москва   D. Moor. Moskou

內戰全面爆發（上）

《敵人已兵臨城下》（摩爾，1919）。宣傳畫將國內外的反革命勢力刻畫為可怕的飛行怪獸與死神，正向蘇維埃國家步步逼近，企圖恢復沙俄的舊勢力。然而，蘇維埃政權集中一切工農國防力量，築起了嚴密的防禦工事，使得敵人難以靠近。圖下方的文字譯作：「敵人已兵臨城下！敵人將帶來奴役、饑餓與死亡！堅決抵禦！向前衝！」

十月革命的勝利沒有使俄國脫離戰爭與苦厄。1918 年 2 月，德帝國主義者對俄國發起全線進攻，佔領愛沙尼亞、白俄羅斯和烏克蘭的部分地區，並利用《布列斯特條約》使蘇俄蒙受巨大損失。另一方面，蘇俄政府與同盟國締結的《布列斯特條約》成為了協約國出兵干涉蘇俄的藉口。同年春季，英、法、美、日等國先後由莫曼斯克和符拉迪沃斯托克登陸，開始對蘇維埃政權相對薄弱的西伯利亞和遠東地區發起進攻，同時極力策劃了捷克斯洛伐克軍團的武裝叛亂，對蘇維埃政權構成極大的威脅。在帝國主義者的唆使下，地主資產階級、上層哥薩克、以及白衛軍紛紛騷亂起來，燒殺搶掠，攻城掠地，企圖顛覆蘇維埃政權，內戰從此全面展開。列寧於 1918 年 7 月指出：「國內戰爭是無產階級革命的延續，革命的命運取決於這一戰爭的結局。」

學習，學習，再學習（下左）

《蘇維埃宣傳日──向廣大群眾傳播知識》（佚名畫家，1920）。為了掃除文盲、發展蘇維埃國家的教育事業，工人手捧各種題材的書刊向群眾免費發放，其中包括經濟、宗教、農業、地質、文藝、美術、階級鬥爭等題材，以及馬克思的《資本論》。領到書刊的群眾聚在一起歡慶，因為提高文化知識水準使他們能更好地為社會主義建設服務。從左到右，他們背後的建築依次是「大學」、「科學院」、和「圖書館」。

為推動蘇維埃俄國教育事業的發展，列寧在十月革命之後就向布爾什維克黨提出了「學習，學習，再學習」的任務。於是在 1918 年 11 月，中央執行委員成立了一個向全國群眾免費發放書籍的組織，即使面臨內戰造成的重重困難，也堅持執行這一任務，正如列寧於 1921 年所說的：「必須不斷努力做到使報紙和書籍能免費分配給全國，分配給那些為全體工人、士兵和農民服務的圖書館和閱覽室。到那時人民就會以百倍的幹勁、百倍的速度、百倍的成效來要求獲得文化、光明和知識。那時教育事業就會飛速地向前發展。」

十月革命三周年紀念（下右）

為慶祝蘇維埃政權誕生三周年，摩爾於《在世界革命的前夕》（1920）中將教士、沙皇和資產階級者塑造為古埃及獅身人面像，象徵在無產階級專政的新時代，統治階級終將成為歷史，但即使如此，圖中的無產者都恨不得將這些雕像燒為灰燼。

早在 19 世紀中期，馬克思、恩格斯就提出過「世界革命」的理論，預言「共產主義革命將不僅是一個國家的革命，而將在一切文明國家裡，至少在英國、美國、法國、德國同時發生」。而世界革命的實踐家列寧在馬克思、恩格斯理論的基礎上進一步指出：世界革命將從俄國開始，接著由英國、法國、德國來完成，最終實現統一的世界蘇維埃共和國。十月革命以後，列寧對世界革命的進程抱有十分樂觀的態度，他在第三國際第二次代表大會上說過：「資產階級的歐洲就要在風暴中崩潰。」

救救俄國饑民

《總共有幾百萬的饑民？一千萬！》（馬雅可夫斯基，1921）

1. 以下是需要認真考量的：
2. 靠國家救濟的話，有兩百萬人將不會餓死。
3. 如果合作社也參與救濟，能養活一百萬人。
4. 再比如說，五十萬人通過勞動人民委員部來解決生計。
5. 另外的五十萬靠自己找到工作。
6. 中央疏散協會給一百萬人提供基本保障，與前面的加起來，等於五百萬。
7. 美國救濟管理局能養活一百萬兒童。
8. 外國工人能給一百萬人提供糧食。但即使這一切都順利進行，國家也無法養活所有人，
9. 只能保證七百萬人能吃飽，
10. 還有剩下的三百萬饑民。
11. 同志，去親自照顧他們，解救這三百萬饑民的性命！
12. 援助這三百萬人口吧！聽到他們的哀求了嗎？「再不幫忙，我們就會死去！」

武裝干涉蘇俄的國家都沒好下場

《為什麼等不到羅馬尼亞人的援助？》（列文，1921）

1. 羅馬尼亞人在想什麼鬼事情？
2. 塔科‧約內斯庫（當時的羅馬尼亞外交部長）在渴望沙皇復辟。
3. 塔科說，那時蘇維埃政權就會垮臺。
4. 白軍會跟著他們往前衝。
5. 沙皇甚至也備好了。
6. 他就是羅馬尼亞的嗣君──尼古拉三世。
7. 為了使這個時刻快些到來，
8. 白軍很明顯已經在秣馬厲兵。
9. 多虧契卡（肅反委員會）揭穿了這些反革命分子的陰謀。
10. 那好吧，
11. 我們只好採取預防饑餓的措施了。
12. 同時不會忘記檢查刺刀。

協約國除了對蘇維埃國家公開進行武裝干涉外，還暗中協助和挑唆蘇俄周圍的小國家對布爾什維克進行打擊，其中包括羅馬尼亞。1919 年初，羅馬尼亞軍隊在協約國的指令下駐兵烏克蘭，卻反遭烏克蘭紅軍的鎮壓，以至於羅馬尼亞軍隊只有放棄對俄國南部的干涉計畫。同年 3 月，羅馬尼亞軍隊又擔負起了鎮壓匈牙利蘇維埃政權的任務，不幸的是，匈牙利蘇維埃政權於 9 月宣告敗亡。

ПОЧЕМУ НЕТ ПОМОЩИ ОТ РУМЫНИИ.

1. ЧТО ЗАКРАЛОСЬ РУМЫНАМ В УМЬ?

2. НА РЕСТАВРАЦИЮ НАДЕ- ЕТСЯ ТАКЕ ИОНЕСКА.

3. СОВЕТСКАЯ ВЛАСТЬ РУХНЕТ, ДЕСКАТЬ,

4. ТОГДА МОЛ И БЕЛО- ГВАРДЕЙЦЫ С НАМИ РИНУТСЯ,

5. ДАЖЕ ЦАРЯ ПРИГОТОВИЛИ

6. РУМЫНСКОГО КРОНПРИНЦА

7. ЧТОБ УСКОРИТЬ ПРИХОДОМ МИНУТУЭТУ ПОМОЩИ И НЕТУ

8. БЕЛОГВАРДЕЙЦЫ ГОТОВЯТСЯ ЭТО ЯСНО.

9. ЗАГОВОРЫ ЧЕКА РАСКРЫВАЕТ НЕ НАПРАСНО

10. ЧТО -Ж

11. ГОТОВЯ ГОЛОДУ УДАРЬ ТАКИЕ

12. НЕ ЗАБУДУ И НА ВИНТОВКАХ ОСМОТРЕТЬ ШТЫКИ Я.

ГЛАВПОЛИТПРОСВЕТ
ОК. 32 в.

Левин. Москва   Levin. Moskou

第三國際定能攻克國際資本主義

《第三國際》（德尼，1921）。象徵國際工人聯合的第三國際如閃電般將資本家狼狽擊倒在地，正如列寧在共產國際第三次代表大會召開之前所說的：「要想在一個國家內徹底戰勝資本主義是不可能的。資本主義是一種國際力量，要想徹底戰勝它，工人也必須在國際範圍內共同行動起來。」

„Российская Социалистическая Федеративная Советская Республика"

„Пролетарии всех стран соединяйтесь"

НА КОГО РАБОТАЮТ ДЕЗЕРТИРЫ

№ 1

1) Хотят белогвардейцы вернуть старые времена.

2) Но Красная Армия защищает интересы рабочих и крестьян.

3) Рабочий, крестьянин и красноармеец грудью стоят за рабоче-крестьянскую власть.

4) Но шкурники-дезертиры предают товарищей фронта и вредят рабоче-крестьянскому делу.

5) На кого же они работают?—
Они работают на капиталистов, помещиков и царских генералов. Они помогают угнетателям вновь закабалить крестьян и рабочих.

ГОРЕ ДЕЗЕРТИРАМ!

В. Спасский. Москва

„ЛИТ.-ИЗД. ОТД. ПОЛИТ. УПРАВЛ. РЕВВОЕН. СОВ. РЕСПУБЛИКИ"

W. Spassky. Moskou

工農間的友愛同盟能感化逃兵

斯巴斯基的《逃兵給誰帶來了好處？》（1919），譴責那些為了個人利益而危害工農事業的逃兵，他們自私的行為只是給人民的壓迫者帶來實惠。圖中的小標題分別是（i）白黨想要復辟舊社會；（ii）但紅軍是來維護工人和農民的利益的；（iii）工人、農民和紅軍戰士團結起來，挺身保衛工農政權；（iv）可只顧個人安危的逃兵既背叛了戰友，又危害了工農事業；（v）逃兵們給誰帶來了好處？給資本家、地主和沙皇的舊軍官帶來了好處，幫助這些壓迫者使工人和農民再度淪為奴隸。

圖下方醒目的文字譯作：「為逃兵悲哀！」

布爾什維克黨在推行義務兵役制後經過最普遍的動員，很快便擁有了一支規模龐大的正規軍隊。然而，仍有部分思想開小差的農民為了逃避兵役躲到森林裡，直到 1919 年，高爾察克與鄧尼金分別建立獨裁政府並對他們的家人進行鎮壓迫害，他們才獲得階級覺悟，自願回到紅軍隊伍，或組織自己的武裝力量來對抗白衛軍。他們牢牢守衛著在十月革命中獲得的土地，清醒地意識到了白黨獨裁者根本是想恢復比沙皇還要惡劣的制度，要繼續奴役、鞭打工人和農民。大批逃兵對蘇維埃政權的支持，使列寧看了到感化逃兵的可能性，他在《大家都與鄧尼金作鬥爭》中指明：工農間的友愛同盟有著用不盡的力量。

工人階級同資產階級的矛盾不可調和（上）

德尼的《是要打倒資本主義，還是要死在資本主義的腳下！》（1919），表現了十月革命勝利以後的世界局勢：整個世界分為了資本主義陣營與社會主義陣營兩個完全對立的陣營，二者之間有著不可協調的矛盾。資本主義者在無產階級革命面前感到恐懼，他們想要徹底剷除布爾什維克主義，而全世界的無產者在建立工人政權後將繼續用武裝力量鞏固自己的統治，最終要瓦解資本主義世界。圖中紅旗上寫著：「工農蘇維埃政權萬歲！」而黑旗上寫著「一切權利歸資本主義者！工農階級將要滅亡！」

發揚革命精神，粉碎高爾察克（下）

《土地和工廠歸地主和資本家！》（德尼，1919）。白衛軍頭目高爾察克坐在由資本家、神父與富農拉著的御駕中，頭頂皇冠，威風凜凜。他們將「對工人和農民施以絞刑」。圖中的詩歌大意如下：「資產階級者，大腹便便的神父與富農組成了三人組，從遙遠的山脈，向高爾察克傳遞友誼。給坐著的跟喝醉的人快樂吧，工人和農民只欠挨打。三人組拉著人民的劊子手，在瘋狂中激起塵土。」

1918 年 11 月，高爾察克在英國的支持下建立軍事獨裁，強調土地私有，以「重建法律與秩序」為藉口，殘酷鎮壓工人和農民，並率領白衛軍在東線取得節節勝利，佔領伏爾加河流域、烏拉爾等地，陷蘇維埃政權於危難。1919 年 4 月，黨中央委員會將東方戰線劃為主要戰線，在托洛茨基的總指揮下，由伏龍芝擔任東方面軍總司令，集中力量反攻高爾察克。列寧在關於東方戰線的綱領中指出：「只要竭盡全力，發揮革命精神，高爾察克是會被粉碎的。」伏龍芝軍隊的英勇善戰、工人的暴動，以及遊擊隊在白黨後方的行動，最終使紅軍反敗為勝，消除了高爾察克的白軍與鄧尼金軍隊會和的可能性。高爾察克的敗亡，是俄國內戰中紅軍走向勝利的關鍵。

ბაკკბი-კნიბაკიბბს * ДЕТИ-ЦВЕТЫ КОММУНЫ

Неизвестный художник. Тифлис   L'auteur inconnu. Tiflis

幸福的兒童

在《兒童週 —— 孩子是公社之花》（佚名畫家，1921）中，一位母親站在花園裡，喜迎社會主義新成員的降生。題目由俄文與格魯吉亞文寫成。

紅軍的勝利雖然使蘇維埃政權得到鞏固，可戰爭卻帶給普通百姓饑餓與瘟疫，給兒童造成的痛苦更是無盡無窮。兒童週，一項關愛與保護兒童的列寧政策，1920年底由蘇俄政府推出，為兒童提供大量財政援助，使全國的兒童免受戰亂與疾病的折磨，體現了布爾什維克偉大的人道主義精神。在兒童週期間，工人於共產主義的義務星期六創造的財富全部用來支援兒童的醫療、教育、食品供應等事業，而星期日則由工人們前往孤兒院、托兒所和學校，為孩子們提供義務服務。社會各界對祖國的下一代都充滿關愛，連受傷的士兵都寧願貢獻一部分配給的糧食給兒童。紅軍第72軍的一位傷患說：「我首先要向我們的領導人脫帽致敬，感謝他們對孩子們的關注。我們聯合起來工作，一定能拯救數以千計兒童的生命。」

白樺樹下歡慶節日

在西馬科夫的《五一國際勞動節》（1921）中，俄國的農民高舉象徵蘇維埃政權的錘子與鐮刀，在白樺樹下歡慶節日。他們團結起來勞動，終於獲得了共產主義美好生活。圖中的紅色文字譯作「無產階級政黨萬歲」。

五一國際勞動節於 1917 年正式成為蘇維埃俄國的節日，但俄國百姓普遍對它感到陌生。於是在肅清國內外反革命勢力後，列寧於 1921 年初制定了「五一國際勞動節宣傳計畫」，並由中央委員會出版勞動節宣傳手冊。該宣傳計畫規定：每年五月一日前的兩週，所有城市的公共場所都貼滿五一勞動節的張貼畫，連最偏遠的鄉鎮也不放過。在這兩週裡，成人和兒童都要學習勞動節宣傳手冊，接受共產主義教育，並瞭解五一勞動節的由來和意義。1921 年的宣傳手冊裡寫道：「俄國的無產者要為世界革命和各國的蘇維埃政權獻上祝福，還要遵守鐵的紀律，不斷用知識武裝自己，以盡快恢復國家的戰後經濟。」

萬惡的資本家

德尼在《資本》（1919）中，將大腹便便的資本家比喻為壓迫人民的惡毒蜘蛛，告訴人們千萬別被資本家堆積如山的黃金所矇騙，因為一旦進入資本家的工廠，就會淪為幫資本家賺取黃金的奴隸，如同陷入蜘蛛網，徹底失去自由。圖下方是傑米揚・別德內依的《除我之外，你不可再有別的神》，大意如下：「我用鋼絲網把整個地球纏繞，成為世界的霸主，一群奴隸跪在我的跟前，聽我發號施令。我是全體人類的神，而政權交易所是我的聖地，辦公桌是我的誦經台，資產負債表是我的信條，炒股是我的禱告，金錢是我的聖物，會計師是我的神父。我有數不盡的財富，但我寧可犧牲同胞，也絕不肯失去它們。讓奴隸們獻上他們的勞動果實，跪下吻我的足跡。」

КАПИТАЛ.

*Да не будут тебе бози инии,
разве мене.*

Любуясь дивною картиной,
Рабы, склонитесь предо мной!
Своей стальною паутиной
Опутал я весь шар земной.
Я—воплощенье КАПИТАЛА,
Я—повелитель мировой.
Волшебный блеск и звон металла—
Мой взгляд и голос властный мой.

Тускнеют царские короны,
Когда надену я свою.
Одной рукой ломая троны,
Другой—я троны создаю.
Моя рука чертит законы

И отменяет их она.
Мне все „отечества"—загоны,
Где скот—людские племена.

Хочу—пасу стада в долинах,
Хочу—на бойню их гоню.
Мой взмах—и области в руинах,
И храмы преданы огню.
Средь всех твердынь—моя твердыня
Стоит незыблемой скалой,
Храм биржевой—моя святыня,
Конторский стол—мой аналой.

Мое евангелье—балансы,
Богослужение—„игра",
Дары священные—финансы,

Жрецы—мои бухгалтера.
Я в этом храме—жрец верховный,
Первосвященник ваш и вождь.
Свершая подвиг мой духовный,
Я золотой сбираю дождь.

Мои сокровища несметны.
Их не отдам я без борьбы.
Да будут вечно ж безответны
Мной усмиренные рабы!
Да будут святы им ступени,
Где жду я жертвы их трудов!
Да склонят все они колени,
Целуя прах моих следов!

Демьян Бедный

告別資產階級當權的日子

德尼的《在反革命的公墓》（1920），反應了在蘇俄內戰中，白衛軍徹底敗給蘇維埃紅軍後，神父與資本家跪倒在白衛軍反革命分子的墳前，哭得十分傷心，徹底失去了重新翻案的希望。公墓中的白軍反革命分子有卡列金、科爾尼洛夫、高爾察克、杜托夫、斯柯洛帕茨基、尤登尼奇、鄧尼金、以及克拉斯諾夫。圖下方的詩歌大意如下：「資產者和教士在反革命的公墓潸然淚下。他們所有的希望都破滅了，他們的所有支柱都被逝去的同伴帶走。司令與海軍上將去哪裡了？一切榮譽和愜意的生活呢？想到最後一位將領的潰敗，資產者和教士不禁發出感慨：『紅軍的力量真是強大！』過去的一切都沒有了，只有幾隻烏鴉在呱呱叫。在這陰森森的聲音背後，一個沙俄時代的員警如天使般出現，眼裡噙著淚水。」

НА МОГИЛЕ КОНТР-РЕВОЛЮЦИИ.

Сошлись у дорогой могилы
Пролить слезу буржуй и поп,—
Все их надежды, все их силы
Ушли, уходят в „братский" гроб.

Где генералы, адмиралы,
Почет и пьяное житье?
Пропала сила, все пропало,
И жутко кличет воронье.

Два друга вспоминают с болью
Разгром последнего царька:
„Ах! Слишком быстро тешет колья
Красноармейская рука!"

Рыдает поп, буржуй рыдает
И под могильный нудный вой
Тихонько слезы утирает
Архангел их—городовой.

З. Н. Дсни. Москва   V. Deni. Moskou

「一黨執政」還是「多黨聯合執政」?

《立憲會議》(德尼,1921)。法國資本家(後排)、資產階級者(前排左)、白黨將軍(前排中)與立憲會議主席切爾諾夫(前排右),在無產階級革命的洶湧浪潮裡倉皇出海而逃。前三位痛惜已失去的權利,哭喪著臉,而切爾諾夫抱著白黨將軍的臂膀竊喜,做著依靠白衛軍復辟「立憲會議」的美夢。

布爾什維克黨在十月革命後的立憲會議選舉中失利,使得清一色布爾什維克政府的建立與發展遭遇阻礙。面臨「一黨執政」與「多黨聯合執政」的紛爭,革命士兵與水兵在列寧的號令下,以「警衛累了」為由,強制關閉右翼社會革命黨人所控制的立憲會議,從而結束了立憲會議的歷史,鞏固了布爾什維克一黨專政的地位。列寧在《解散立憲會議的法令草案》中強調:「凡是反對蘇維埃掌握全部政權,反對人民所建立的蘇維埃共和國,而贊助資產階級議會制和立憲會議,那就是向後退,就是要使工農十月革命完全失敗。」

掃除文盲是極為重要的政治任務

拉達科夫的《不識字者如同一個人被蒙蔽雙眼》（1920），將文盲的境遇刻畫為被蒙蔽雙眼的人走在山路上，就算前方是懸崖峭壁，亦渾然不覺，不知回頭；從而號召人民用知識武裝自己，否則將無法擺脫統治者的枷鎖。圖下方的文字譯作「文盲面臨的將是失敗與災難」。

由於十月革命前的俄國文化教育落後，文盲占絕大多數，布爾什維克在建立政權之初就號召公民積極參加掃盲運動，並於 1918 年春季頒佈關於掃除文盲的法令。該法令規定：「為使共和國的全體居民能夠自覺地參加國家的政治生活，人民委員會決定：凡是 8 至 50 歲不會讀或寫的共和國居民，都必須學習本族語文或俄文（根據自願）。」

НЕГРАМОТНЫЙ тот-же СЛЕПОЙ
ВСЮДУ ЕГО ЖДУТ НЕУДАЧИ И НЕСЧАСТЬЯ·

А. Радаков. Ленинград

A. Radakoff. Leningrad

工農聯盟是無產階級專政的最高原則

《高加索各國人民間的手足情萬歲》（柯契爾金，1921）。位於圖中央的工人雕像周圍有一圈麥穗，象徵農民階級是革命的主力軍，而工人則是領導力量。畫面前方的高加索地區各族人民高舉革命的旗幟，正在進行大規模遊行，他們堅信工農聯盟能夠使得各民族的勞動人民團結起來。

蘇維埃在格魯吉亞建立政權後，對於格魯吉亞是否通過外高加索聯邦加入蘇聯，以奧爾忠尼啟則為首的外高加索邊區委員會與格魯吉亞共產黨人發生激烈對峙。格魯吉亞共產黨人積極伸張格魯吉亞的民族自決權，要求脫離外高加索聯邦，獨立加入蘇聯，然而外高加索邊區委員會代表堅稱：需借助外高加索聯邦來維護各民族間的和平，從而促進各共和國的經濟恢復與發展。對於格魯吉亞領導人所提出的民族自決問題，史達林在俄共十二大指出：「我們除民族自決權以外，還有工人階級鞏固自己政治的權利，在兩者發生抵觸時，自決權絕不能成為工人階級實現專政權的障礙」。

ბაყაყუხუს ყამყახიელ
ხაუხის ყმობას!

Да здравствует братство
всех народов Кавказа!

Н. Кочергин. Тифлис

N. Kotsherguin. Tiflis

Д. Моор. Москва

D. Moor. Moskou

共產主義才是廣大群眾心中的聖經

為弘揚馬克思主義的唯物史觀，締造無神論國家，摩爾在諷刺宣傳畫《一個真實的天國世界》（1922）中，揭露了上帝的醜陋和荒誕，以及與無神論者的敵對立場。圖中基督教和伊斯蘭教的諸神們正歡聚一堂，享用美食，在茶壺上的「上帝之眼」的注視下，竟把嬰兒和豬肉當作佳餚。忽然間，被派到凡間的大天使加夫里爾攜著幾份布爾什維克出版的《無神論者報》回到了天國，她充滿敵意地斜視在座的諸神，大聲宣讀：「我們已經擺脫了凡間的統治者，現在即將擺脫天國諸神。」宣讀完畢後，基督教的聖父（左三）赫然而怒，耶和華（左四）一臉愁苦，耶穌（左二）目光呆滯，再也無心佈道，而上帝的秘書（左一）托著下巴，陷入惆悵。他們無不為失去的力量感到傷痛，蘇維埃俄國將是無神論者的世界，共產主義才是廣大群眾心中的聖經！伊斯蘭教徒（右二）驚愕地瞪大了眼，黑人之神（右一）嚇得立起了身，全然不知所措。天國的小鬼們再也無心品嘗美食，嚇得離開餐桌，又是打滾，又是退縮。

布爾什維克是堅定的無神論者，並且始終把宗教視為封建統治者對人民思想實施控制的工具。十月革命以後，為了使人民的思想獲得解放，蘇維埃政府頒佈了一系列與教會鬥爭的法令，宣佈教會與國家分離，學校與教會分離，以武裝之手徹底摧毀了政教合一的舊制度。俄羅斯人民信仰了數千年的東正教會最終完全服從於蘇維埃政權。曾經反對布爾什維克的吉洪大牧首被革去職位後，在獄中寫下懺悔書：「我對自己反對國家制度的行為感到後悔，並請求最高法庭改變對我的強制措施，即釋放我。在此我向最高法院聲明，從現在起我不再敵視蘇維埃政權了，並堅決與國內外的白衛保皇反革命劃清界限。」

向人民的劊子手復仇（上）

在馬雅可夫斯基的《如果你不想接受波蘭的統治，就趕緊武裝起來上前線！》（1920）中，一隻地處高勢的手如槍桿子般指向波蘭士兵，象徵蘇維埃政權將集中兵力教訓這些不自量力的貴族入侵者。

隨著西方面軍與西南方面軍的力量不斷增強，戰爭局勢很快就扭轉了。西南方面軍的騎兵第一集團軍於6月7日成功突襲日托米爾，使敵人的後方、交通與聯絡面臨嚴重威脅。誓死搏鬥不投降的波蘭士兵開始逃亡，或向紅軍投降做俘虜。布瓊尼在向革命軍事委員會的報告中寫道：「這些老爺們也學會尊敬我們的騎兵了。」而圖哈切夫斯基統領的西方面軍也在西線獲得節節勝利，以迅雷不及掩耳之勢，於6月12日收復基輔。然而，懷有革命樂觀主義的紅軍在攻入波蘭後，遭到皮蘇茨基軍隊的奮力廝殺，最終慘敗於華沙城下。俄波於10月12日簽訂《里加和約》，蘇俄再次割地賠款，只不過比波蘭索要的邊界線向西移了50俄里。

引領廣大婦女群眾跟布爾什維克黨走（下）

《農婦與麵包圈的故事》（契連姆內赫，1920），通過講述一位農婦因愚昧與貪婪所導致的悲劇，從而啟發廣大婦女群眾迅速獲得共產主義覺悟。

1. 故事發生在某一天的某個共和國裡，一位農婦到市場賣麵包圈。
2. 她聽到附近的腳步聲，同時有軍歌聲傳過 —— 紅軍將衝向前線教訓波蘭丘八（士兵）。
3. 一位紅軍士兵餓了，對農婦說：「給我一個麵包圈！你又不去前線。
4. 如果我再不吃點東西，就會餓得像死人一樣。
5. 如果我們吃不飽，波蘭人就會吞併我們的共和國。」
6. 農婦說：「不可能！我的麵包圈是要拿來賣的，滾開！我不會幫助共和國！」
7. 我們的隊伍走了，卻已瘦成皮包骨，而波蘭兵都體格健壯。波蘭兵一下子就能把我們幹掉。
8. 波蘭兵來了，兇惡、殘忍，還殺害勞動者。他路過市場，碰到了愚昧的農婦。
9. 波蘭兵看著又白又肥的農婦，一瞬間，連人帶麵包圈全都吃了。
10. 到廣場去看看，那裡沒有農民，沒有麵包。你必須及時供應食物給紅軍。
11. 趕緊給我軍提供食物，不要抱怨！否則你將失去麵包和腦袋。

В. Маяковский. Москва   V. Majakowsky. Moskou

Фрагмент. М. Черемных. Москва   Fragment. M. Tcheremnich. Moskou

ЧИНИ, ТОВАРИЩ, КРАСНЫЙ ПУТЬ И РЕК СОВЕТСКИХ НЕ ЗАБУДЬ

М. Черемных. Москва   M. Tcheremnich. Moskou

建設我們的共和國

在契連姆內赫的《修復造船廠，不忘蘇維埃國家的江河》（1920）中，一支由紅軍組成的勞動隊伍懷著重建蘇維埃國家的偉大使命，在邊疆地區修復遭到戰爭破壞的造船廠。他們眾志成城，分工明確，共同推動著水路交通的建設與國家經濟的發展。紅軍的組織性、紀律性與階級覺悟性，使得他們在勞動戰線上同樣取得輝煌的成績。

在紅軍取得反白衛軍戰爭的勝利後，蘇維埃政權開始著手修復滿目瘡痍的國家，並動員全國勞動力投入國家建設的各個領域，包括交通運輸、林木採伐、泥炭採掘等。1920 年初，革命軍事委員會已完成 300 萬大軍的編制計畫以應對軍事危機，而此時的應徵入伍者還在不斷增加，於是 1920 年底，俄共代表大會通過廣泛實行勞動義務制和經濟軍事化的決議。托洛茨基在大會上說：「正如我們過去下令『無產者，上馬！』一樣，現在我也要高喊『無產者，回到工廠的工作檯去！無產者，回去生產！』」根據這一決議，駐紮在烏拉爾、北高加索及烏克蘭等地區的軍隊紛紛創立了勞動軍，他們的團結與努力，使蘇俄的國民經濟獲得巨大提升。

К РОССИИ
С МИРОМ
ТЯНЕТСЯ
РУКОЙ –

МИР

СНЯТИЕ БЛОКАДЫ

ЛИГА НАЦИЙ

РОСТА

Ив. Малютин. Москва

ПОЛЯКАМ
ИНТОВКИ
ПОДАЕТ
РУГОЙ

Iw. Maljutin. Moskou

國際聯盟無視蘇俄的和平政策

馬柳京的《國際聯盟是兩面派》（1920），
刻畫了英、法帝國主義者的兩張面孔，他們
「一面對蘇俄解除經濟封鎖，另一面卻把槍
枝遞給波蘭士兵」，想要通過波蘭貴族打擊
布爾什維克，從而還原了他們的本來面目。

1920 年初，紅軍擊潰各個戰線上的白軍主力
軍。紅軍的勝利和日漸強大的無產階級隊伍，
迫使協約國部分扭轉了對蘇俄的態度。為擴
大自己國家的商品銷路，協約國解除了對蘇
俄的經濟封鎖，建立商業關係，而愛沙尼亞
於 2 月 2 日與蘇俄簽訂的《塔爾圖和約》，
更是成為了「俄國工人在西歐打開的一扇
窗」。然而，當蘇維埃俄國主動提出與協約
國也締結和約時，英、法帝國主義者露出了
真面孔。他們不僅頑固地拒絕，無視蘇維埃
政權的和平政策，還為波蘭提供大量軍事援
助，唆使波蘭資產階級者與蘇維埃俄國進行
鬥爭。邱吉爾在日記公開承認道：「制定凡
爾賽條約的人們，企圖使波蘭成為俄國布爾
什維克主義與西歐之間的一道屏障。」

取消一切商品貿易

《掠奪者活在天堂，傻瓜活在地獄》（列別傑夫）呼籲關閉市場、取消一切商品貿易。圖中大腹便便的市場攤主倚靠著鋼琴，坐在擺放著供應品的桌子上面。他在享受美味的同時，還有位饑民躲在桌下保護他的攤位。

工商業的國有化，是戰時共產主義政策的重要內容。1918 年 11 月，人民委員會在「關於組織一切產品、個人消費品及日用品的居民供應」的法令中規定：「一切食品、個人消費品和家用物品均由國家和合作社組織供應，取代私商。」

打倒一切資產階級反動派

В. Лебедев. Ленинград   V. Lebedieff. Leningrad

打倒一切資產階級反動派

列別傑夫的《共產主義的幽靈在歐洲遊蕩》，反映在發生社會主義革命的歐洲國家裡，資產階級者試圖從工人手中逃脫。

В. Лебедев. Ленинград　　　　　　　　　　V. Lebedieff. Leningrad

五月一日的工人遊行隊伍

《五月一日的工人遊行隊伍》（列別傑夫）。

工農紅軍有著不可戰勝的力量

《蘇維埃的蘿蔔》（摩爾，1920），改編自「拔蘿蔔」的民間故事。由資本家、祖孫二人和一隻狗所組成的反革命集團齊心拔蘿蔔，他們使出吃奶的力氣，好不容易拔出一截，才發現眼前的蘿蔔其實是蘇維埃紅軍的軍人帽子。紅軍士兵一口氣將他們驅散開。摩爾將反革命者刻畫為侏儒，無論他們如何齊心協力想推翻蘇維埃統治，紅軍終將捍衛國家、打敗這些敵人。

我們粉碎了白黨的主力軍

摩爾在《沙皇的小鳥》（1919）中，將高爾察克、鄧尼金、尤登尼奇描繪為三隻醜陋的鸚鵡，在樹枝上搔首弄姿，集體歡唱。正當它們得意忘形之際，無產階級專政的無情鐵手悄然而至，瞬間將其擒拿，打破了反革命集團的妄想。樹枝上代表富農與資本家的鸚鵡，嚇得只能狼狽逃竄。圖中紅底黑字的標題是「小鳥嘰嘰喳喳叫得太早，貓已在旁邊埋伏好。」圖中間的詩歌《沙皇的小鳥》（作者：卡薩特金），大意如下：

沙皇的小鳥，你們嘰嘰喳喳叫得太早，當心無產階級的老貓把你們吃掉。我們的國家真不錯，已經成立了共和國。我們把你們驅逐到邊疆，就差處死你們。你們這些兇手得到多少金銀財寶？我們很清楚你們這些小鳥來自憲兵局，你們這些走狗就不怕紅軍來嗎？你們整天只知道吃喝，現在就要進入墳墓了。你們這群肥鳥，有種的話，就把歌唱完，國際隊伍要來打斷你們的腿。你們習慣了騎在別人頭上，可現在要抓住你們的咽喉，敢犟嘴嗎？真應該扒了你們的皮，無產階級專政的時代已經來了。

托洛茨基向全體穆斯林發出號召

《穆斯林同志》（摩爾，1919）。圖中一位訓練有素的穆斯林騎兵頭戴印有紅星的皮帽，右手提著長槍，左手緊握短匕，輕鬆自若地駕馭烈馬，只待馳騁疆場；而遠處沙漠中的一群穆斯林騎兵，也正準備在訓練完畢後直奔前線。圖中的俄文與塔塔爾文，是托洛茨基於 1918 年對俄國的全體穆斯林所說的話：「穆斯林同志們！在先知的綠色旗幟下，你們爭取了你們的荒原和村莊。現在，敵人奪走你們的故鄉，在工農革命的紅色旗幟下，在所有的被壓迫者和勞動者的軍隊的（紅）星下，從東西南北集合起來！同志們，上鞍！大家來加入普及軍事訓練部隊！」

穆斯林約占俄國六分之一的人口，在沙俄時代備受歧視與壓迫。十月革命後，蘇維埃政權發佈《告俄國和東方全體穆斯林勞動人民書》，滿足了穆斯林人民對民族自決的要求，改善了穆斯林在俄國的處境。自 1918 年 4 月義務兵役制實施後，為建立強大的正規軍，中央委員推出勞動人民的普及軍訓，為期 96 小時，其中的參與者包括「紅色」穆斯林。

Товарищи Мусульмане! Под зеленым знаменем Пророка шли вы завоевывать ваши степи, ваши аулы. Враги народа отняли у вас родные поля. Ныне под красным знаменем Рабоче-Крестьянской революции под звездой армии всех угнетенных и трудящихся собирайтесь с востока и запада, с севера и юга. В седла товарищи! Все в полки Всевобуч!

ОБРАЩАЙТЕСЬ ЗА СПРАВКАМИ
ИНСПЕКЦИЯ
Кавалерийских Формирований Центр. Упр Всевобуч.
Всеросс. Глав. Штаба.
Москва. Малый Ржевский, 3.

D. МООР.

Издание Центр. Уралг. Всевобуч.

مسلمانلار ايده شلر !
عسكرلك كه اويره تو اداره سى توزوكدن آتلى مسلمان عسكر
لرى پولقينه يازلغز ! ـ
اوزكزنك اويوكزنى ، يبرلركزنى ايركزنى اوزكگند صاقلى آلورسيز !

Д. Моор. Москва   D. Moor. Moskou

Д. Мельников. Москва

D. Melnikoff. Moskou

ЧТО-Ж ВЫ СТАЛИ ЧЕРНЫМ СТАНОМ? ВСЕ ДОЛЖНЫ ОТДАТЬ КРЕСТЬЯНАМ, УМИРАЮЩИМ ОТ ГОЛОДА.

Д. Мельников. Москва

D. Melnikoff. Moskou

沒收教會珍寶運動

梅利尼科夫的《把所有財產還給將要餓死的農民》（1923）創作於大饑荒時期，用以呼籲俄國東正教交出各種金銀珍寶以賑災濟民。圖中的東正教堂氣派非凡、金碧輝煌，但「教堂內的金銀裝飾是由農民交的一分一文湊齊的」。信徒總是絡繹不絕，大多為農民和拄著拐杖的老人。此時，他們正要捐獻自己的物資給教會。下圖說的是，由於大饑荒席捲俄國各地，信徒瘦得皮包骨，只有跪在教堂周圍乞討，然而教堂大門緊鎖，只有牧師聚在一起禱告，毫不理會外面的饑民。圖下方的標題譯為「可你們現在如此黑心？應該把所有財產還給將要餓死的農民」。

1918 年初，人民委員會在「關於信仰自由、教會和宗教團體」的法令中宣佈：包括建築在內的所有教會財產都是人民的財產。大饑荒爆發後，教會雖然在短時間內募集到大量物資用於救濟，但仍拒絕交出教會中的珍寶。於是蘇維埃政府決定沒收教會的珍寶以賑濟災民，卻遭到反動的神職人員的激烈抵抗。為了全力以赴賑濟災民，為了掃清蘇維埃政權不斷壯大的障礙，為了擴充國庫以盡早完成無神論大國的社會主義建設，列寧只有下令：「我們要用最猛烈、最無情的力量去沒收教會的珍寶，任何對抗都要堅決鎮壓。要槍決莫斯科和其他幾個宗教中心地區的黑幫分子，槍決的反動神職人員和反動的資產階級者越多越好。」

堅持發揚革命樂觀主義精神

摩爾的《一個送給波蘭地主的紅色禮物》（1920），反映蘇維埃政權在俄波戰爭中對紅軍抱有的必勝信心。圖中的工人與農民肩扛一個火箭大小的紅色子彈頭，其龐大的規模象徵工農紅軍的力量如擎天立地，勢不可擋。他們準備「用這龐然大物直擊波蘭地主的腦門」，而波蘭地主早已聞風喪膽，落荒而逃。

俄波戰爭爆發後，全國上下普遍把這場戰爭視為對波蘭勞動人民的拯救及關乎世界革命前景的大事，對貴族波蘭及波蘭軍隊一片蔑視之情，確信紅軍必勝。列寧在與革命軍事委員會的聯絡中高度強調對波作戰的意義：「如果波蘭成了蘇維埃國家，如果華沙的工人由蘇維埃俄羅斯取得了他們所希望的和他們所歡迎的援助，凡爾賽和約就會受到破壞，因戰勝德國而來的國際體系也會因此解體。」於是，當紅軍順利攻入波蘭後，全軍都感到波蘭蘇維埃的建立就在眼前。圖哈切夫斯基在向西線軍隊下達的進攻命令中宣稱：「通向世界革命的道路將伸展在白色波蘭的屍體之上！」但事實證明，蘇俄的領導人和紅軍指揮官都過於樂觀地估計了工人運動在波蘭的進程，波蘭資產階級政府則把紅軍的進軍宣傳為破壞波蘭獨立的工具，激起了波蘭各個階層的愛國熱情，而在魯莽中行進的紅軍最終兵敗華沙。

Российская Социалистическая Федеративная Советская Республика.

Пролетарии всех стран, соединяйтесь!

КРАСНЫЙ ПОДАРОК
БЕЛОМУ ПАНУ

ДВИНЬ-КА
ЭТИМ ЧЕМОДАН-
ЧИКОМ ПАНА В ЛОБ

Д. Моор. Москва

D. Moor. Moskou

國際蘇維埃共和國即將誕生的前兆

摩爾的《歡迎同志們》（1920）以克里姆林宮為背景，象徵紅色莫斯科是第三國際的中心，以及蘇俄在國際共產主義運動中的主體地位。圖中的工人緊握捍衛蘇維埃政權的鐵錘，滿懷希望地把目光投向遠方，仿佛看到了國際蘇維埃共和國即將誕生的前兆。他激動地向克里姆林宮揮手致敬，因為各國的共產黨代表已經到來。圖中的紅旗上用五種文字寫道：「歡迎同志們！」

第三國際，本名共產國際，列寧領導創建的由 35 個政黨組成的國際組織，於 1919 年 3 月在莫斯科成立，並於 1920 年夏召開了共產國際第二次代表大會。在這次大會中，列寧起草的《加入共產國際的條件》得到了採納，其核心內容是「凡是共產國際代表大會及其執行委員會（即蘇維埃俄國）的決定，所有加入共產國際的黨都必須執行」。

LONG LIVE THE THIRD COMMUNIST INTERNATIONAL!
EVVIVA IL TERZA INTERNAZIONALE COMMUNISTA!
VIVE LA TROISIEME INTERNATIONALE COMMUNISTE!
ES LEBE DIE DRITTE KOMMUNISTISCHE INTERNATIONALE!

С. Иванов. Ленинград   S. Iwanoff. Leningrad

Неизвестный художник. Ленинград   L'auteur inconnu. Leningrad

無產階級革命將在整個歐洲爆發（90頁上）

《第三國際萬歲》（伊凡諾夫，1920）。圖中的工人高舉「第三國際」的旗幟，帶領身後的工人一路向西。圖最右側的工人凝望著西方，露出堅毅的神情，深信無產階級革命將在整個歐洲爆發。圖下方用英、法、意、德四種語言寫道「第三國際萬歲」，謹表對各國共產黨代表的歡迎。

共產國際第二次代表大會於1920年夏季在莫斯科召開。由於這次會議的日程與紅軍進軍波蘭的進程相一致，幾乎所有的共產黨代表從大會第一天起就感受到了世界革命的熱潮，並看到西歐「冰河解凍」的前兆。列寧滿懷建立國際蘇維埃共和國的革命豪情，在大會上再次提出「把無產階級專政由一國的專政變為國際的專政」。

工人上街示威遊行（90頁下）

《五一國際勞動節》（佚名畫家，1921）。圖中的工人們成群結夥地在街上遊行，他們扛著錘頭，氣勢洶洶，在「五月一日是全體勞動人民的節日」、「國際勞動大軍萬歲」、「第三國際萬歲」等工人革命的旗幟下，積極爭取無產階級的自由。

五一國際勞動節自1889年在巴黎誕生以來，每年的五月一日都由成千上萬的勞動者紛紛走向街頭向資本家示威，要求他們停止剝削和壓迫。

新蘇維埃格魯吉亞萬歲

《五一國際勞動節》（柯契爾金，1921）。身著民族服飾的格魯吉亞群眾們歡聚在廣場上慶祝節日，其中有很多人揮舞著印有「五一勞動節」的紅旗。圖中央的工人形象與周圍的金色麥穗，共同代表格魯吉亞勞動人民所擁護的蘇維埃政權。圖下方的格魯吉亞文譯作「新蘇維埃格魯吉亞萬歲」。

布爾什維克於 1921 年 2 月在格魯吉亞建立蘇維埃政權。同年五月一日，格魯吉亞人民在無產階級革命的旗幟下慶祝了國際勞動節。

ჰაერპიის ახალგაზრდა საბჭოთა საქართველოს

ПОСЛѢДНІЙ БАРОНИШКО.

ИСПЫТАВ НА ЗАПАДЕ КАК ШТЫК КОЛЕТСЯ	АНТАНТА ПОПРОБОВАЛА НАТРАВИТЬ МОНГОЛЬЦА	ДАЛА ПОЕСТЬ ГОЛОДНЫМ.

ДАЛА ОДЕЖДУ ГОЛЫМ.	И СОБСТВЕННАГО БАРОНА ДАЛА МОНГОЛАМ.	КАК ОДѢЛИСЬ МОНГОЛЫ И ПОѢЛИ ЕЛЕ,

МОНГОЛАМ НА НАС НАСТУПАТЬ ВЕЛѢЛИ.	РАДУЕТСЯ АНТАНТА (РАСЧИТАЛА ВѢРНО)	ДА НАШИ ПОКРЫЛИ И БАРОНА УНГЕРНА

ПОСЛѢДНІЙ КОЗЫРЬ АНТАНТЫ БИТ	А НАМ!	И В МОНГОЛІЮ ПУТЬ ОТКРЫТ

ГЛАВПОЛИТПРОСВѢТ №325

Ив. Малютин. Москва

Iw. Maljutin. Moskou

我們戰勝了恩琴男爵

《最後的小男爵》（馬柳京，1921）。

1. 在嘗到紅軍刺刀的厲害以後，
2. 協約國要唆使蒙古人去攻打紅軍。
3. 於是給饑餓的人飯吃，
4. 給赤裸裸的人衣服穿，
5. 甚至為蒙古人加封男爵。
6. 蒙古人吃飽穿暖後，
7. 協約國對蒙古人下令向紅軍進攻；
8. 協約國高興極了（計畫達成），
9. 不過紅軍戰勝了恩琴男爵，
10. 打敗了協約國的最後一張王牌。
11. 而我們，
12. 去往蒙古的道路也開通了。

羅曼・馮・恩琴，白軍中將，綽號「血腥男爵」，內戰期間跟隨謝苗諾夫，在日本的幫助下獨立與紅軍作戰，企圖恢復羅曼諾夫王朝，後來與謝苗諾夫決裂。1921 年 2 月，恩琴率領亞洲騎兵師驅走外蒙古的中國駐兵，成為外蒙古的實際統治者，然後出兵襲擊蘇俄，卻始終無法戰勝紅軍的力量。同年 7 月，蘇俄紅軍攻入庫倫，俘獲恩琴，將他斬首於西伯利亞。蘇俄與外蒙古於 1922 年訂立《蘇蒙修好條約》。

РКП

НА ПОЛЬСКИЙ ФРОНТ

РОСТА.

Свободы заслуживает только
Кто ее с винтовкой отстаиват

Ив. Малютин. Москва

Iw. Maljutin. Moskou

到波蘭前線去

馬柳京的《靠槍桿子是捍衛自由的硬道理》
（1920），反映在俄波戰爭時期，蘇維埃
政權對工人發起的動員。圖中的煉鋼廠工
人接過紅軍手中的步槍，正要「到波蘭前
線去」，與波蘭帝國主義者殊死一搏。為
拯救波蘭的勞動人民，為實現解放全人類
的偉大使命，蘇俄人民已做好拋頭顱灑熱
血的準備。

蘇維埃政權開始對波作戰後，雖然有著必
勝的決心，但很快意識到波蘭戰線的危機，
因為與蘇俄作戰的不僅僅是波蘭，在協約
國的扶持下日漸強大的弗蘭格爾軍隊也開
始攻擊紅軍後方。弗蘭格爾軍隊於 6 月初
就暴露了是波蘭戰線的延續，正如列寧所
說：「波蘭和弗蘭格爾是法帝國主義的左
右手。」面臨西方面軍和西南方面軍的處
境惡化，托洛茨基起草了一份中央政治局
的決定：「迄今為止，已有 3,000 共產黨
員奔赴前線，但西方面軍和西南方面軍需
要的共產黨員的人數還需增加 4 倍。」列
寧很快批准了托洛茨基的決定，於是在 5
月到 6 月之間，共有 12,000 黨員派上前線。
經過全力整頓，西方面軍與西南方面軍的
戰鬥力大增。

蘇維埃高加索萬歲（上）

為慶祝蘇維埃政權在亞塞拜然成立，摩爾在《致高加索各族人民》（1920）中刻畫了紅軍高加索戰線部隊翻越了厄爾布魯士山脈，與亞塞拜然的紅軍勝利會師。圖下方用俄文、格魯吉亞文、亞美尼亞文、阿塞拜疆文及塔塔爾文寫道：「高加索各族人民！地主、資本家和沙皇的將軍們用火與劍剝奪了我們的自由，還把你們的國家出賣給外國的銀行家。現在蘇俄的紅軍戰勝了你們的敵人，把你們從統治階層的奴役中解救出來了。蘇維埃高加索萬歲！」

外高加索又稱南高加索，是個少數民族聚居的農業地區，歷史上各種武裝衝突的匯集地，具有重要戰略意義；十月革命後脫離俄羅斯帝國，由格魯吉亞、阿塞拜疆、亞美尼亞共同組成了外高加索民主聯邦共和國，兩個多月後又分裂為三個獨立的國家。1920 年 2 月，在克拉斯諾伏斯克獲得解放後，紅軍第 11 軍的先鋒隊攻入巴庫，與阿塞拜疆的勞動者共同推翻了反動的摩薩華特（Müsavat）政府，並於同年 4 月，宣告建立阿塞拜疆蘇維埃政權。11 月底，在奧爾忠尼啟則的組織下，紅軍在亞美尼亞也建立起蘇維埃政權。

為了理想與革命事業（下）

為鼓勵廣大穆斯林加入黨的組織，一位佚名海報畫家於 1921 年創作《我也自由了》。一位穆斯林女青年為了革命理想，不顧父母（左二、三）及清真寺阿訇（左一）的反對，揭掉頭巾，並撕毀面紗，打破了伊斯蘭固有的傳統。此時她正昂首挺胸，旗杆緊握，凝視著印有「解放全世界」（維吾爾語）的紅色旗幟，心裡發誓要做忠誠不渝的共產主義戰士。圖右側的牌子上印著「青年團」，那正是她將要加入的組織，兩名共青團員正準備熱情接待這位黨組織的新成員。

НАРОДАМ КАВКАЗА

ПРОЛЕТАРИИ
ВСЕХ СТРАН,
СОЕДИНЯЙТЕСЬ!

№ 79.

Д. Моор. Москва

D. Moor. Moskou

Р.С.Ф.С.Р.

Неизвестный художник. Тифлис

L'auteur inconnu. Tiflis

工農聯盟是蘇維埃政權發展壯大的基石

《只有蘇維埃政權才能使工農聯盟堅不可摧》（佚名畫家，1921）。紀念蘇維埃政權在格魯吉亞建立，血紅色的標題用格魯吉亞文與俄文寫成。圖畫以工人和農民的親切握手為主體，頂天立地的形象，代表工農聯盟是蘇維埃政權發展壯大的基石。人們聚集在廣場上慶祝新政權的成立。他們揮舞著紅旗，喜氣洋洋，在經歷了一番風雨般的政治動盪後終於見到彩虹。此時，新的無產階級政權猶如一輪紅日從高加索山脈升起。

內戰結束後，蘇維埃俄國將目光轉向布爾什維克始終未能掌控的格魯吉亞等高加索諸國，以擴大領土範圍。格魯吉亞自十月革命以後就被控制在孟什維克手中，並先後利用德國、英國的軍事政治支持公然反對布爾什維克。1921 年 2 月，布爾什維克在高加索的最高代表奧爾忠尼啟則率領軍隊，與史達林聯手將格魯吉亞一舉兼併。奧爾忠尼啟則 2 月 25 日致電列寧：「第比利斯升起紅旗。蘇維埃格魯吉亞萬歲！」

文盲的生活與識字者的生活對比圖

《文盲的生活與識字者的生活》（拉達科夫，1920）。通過對比「文盲」與「識字者」生活的巨大差異，從而號召人民將掃盲運動貫徹到底。兩幅圖的文字說明翻譯如下：

上圖：不識字者如同盲人，明明能預料到各種意外和失敗，卻不知如何防範。他們辛辛苦苦過日子，卻一無所獲；凡事都要問人，不論好主意或餿主意，他們都會聽從他人。實際上，世上只有一個能解答任何問題的忠實朋友，那就是書。各種問題的答案都能在相關的書籍中找到，包括如何買牛，如何給田地施肥，以及如何給孩子治病等。文盲雖然知道書很有用，卻看不懂，所以買牛時，他們會買到劣等牛，因為不懂如何挑選；付出了血汗錢，可買來的牛不到一週就死了。他們不知道如何給黑麥施肥，因此不會有收成。他和家人為如此微薄的收成感到傷心，他們的日子很難熬。

下圖：識字的人日子過得很輕鬆！他想瞭解各種資訊，不用去問別人，只要找有關的書籍來看，不用像文盲為一個問題翻來覆去地找答案，卻事倍功半。識字的人很容易成功，而且從書本上得到知識令他們感到快樂。識字的人懂得如何挑牲口，還知道各種物資的價格及如何下訂單；想要防止火災時，他們會安裝避雷針；想要獲得豐收時，他們能買到合適的肥料。書能使識字的人免受欺騙，並防止各種意外的災害，生活更自由。有些令文盲嚇得發抖的事，識字的人卻完全不會在意。他們對自己的收成非常滿意，不會白白付出。

БЕЗГРАМОТНЫЕ.

Безграмотный, что слепой. Видит, что с ним всякие несчастия да неудачи случаются, а как предупредить их, не знает. Бьется он всю жизнь, а все плохо выходит. Всех спрашивает, что ему делать, все советы слушает, и плохие и хорошие, а есть только один верный друг, который на все ответы скажет, это— книга. Там все найдешь, и как корову купить, и как землю удобрять, и как детей лечить. Только выбери книгу, какую нужно. Смотрит безграмотный на книгу, знает, что много в ней написано полезного, да прочитать не может. Купит корову, да плохую, не знает, как лучше ее выбрать; трудовые деньги заплатил, а корова и околела через неделю. Не знает, чем лучше рожь удобрять, а урожая и нет. И горько смотреть ему на скудные плоды своей работы, и тяжело ему и семье его жить.

ГРАМОТНЫЕ.

А грамотному легко жить! Знает он все, что на свете делается. Ни у кого совета не спрашивает, — просто нужную книжку раскроет и прочтет, что надо. Там, где безграмотный вдвое больше сил и времени тратит, сам до всего своим умом вкривь и вкось доходит, грамотный всего легко добивается, и труды его радуют его хозяйский глаз. Знает он, как лучше скот купить, какая какому материалу цена, откуда что выписать. Хочет себя от пожара уберечь, — громоотвод ставит, урожая хочет — знает, где какое удобрение купить. От недобрых советчиков и всяких случайностей защищает его книга. И свободнее ему жить, и чего безграмотный боится, перед чем дрожит, грамотный и не замечает. И веселит его хозяйский глаз его хозяйство, видит он, что не даром пошли труды его.

А. Радаков. Ленинград   A. Radakoff. Leningrad

1 РАСПЛЫВАЕТСЯ В УЛЫБКУ
БЕЛОГВАРДЕЙСКАЯ ПЕЧАТЬ
С ГОЛОДОМ БОЛЬШЕВИКИ
НЕ СПРАВЯТСЯ ЧАТЬ

2 СМОТРИТЕ И ПРЕЖДЕ
БЕЛЫЕ РАДОВАЛИСЬ
НЕ ОДНОЙ НАДЕЖДЕ

3 НА КАЙЗЕРА МОЛИ=
ЛИСЬ

4 КАЙЗЕРА СБИЛИ

5 ГЕНЕРАЛЫ ЯВИЛИСЬ

6 КОЛЧАКУ С ДЕНИКИ=
НЫМ ДАЛИ
ОТСТАВКУ

7 К ВРАНГЕЛЮ БЕЛЫЕ
ПЕРЕНЕСЛИ СТАВКУ

8 ОТ ВРАНГЕЛЯ ТОЛЬКО
ДЫМОК ВЕЕТ

9 А НА КОГО ЖЕ ЕЩЕ
БЕЛОГВАРДЕЙЦАМ
НАДЕЯТЬСЯ

10 ВЕСТИ О ГОЛОДЕ
НАДЕЖДУ ДАЛИ

11 РАДУЮТСЯ БУРЖУИ
КРЕСТЬЯНЕ
ЗАГОЛОДАЛИ

12 ОТНИМИТЕ У БЕЛЫХ ПОС-
ЛЕДНЮЮ ПОДСТАВКУ
ПОБЕЙТЕ ПОСЛЕДНЮЮ
АНТОНОВУ СТАВКУ

Главполитпросвет №294

М. Черемных. Москва　　　　　　　　　　　　　　　M. Tcheremnich. Moskou

一定要戰勝 1921 年大饑荒

《不讓白黨還抱有幻想》（契連姆內赫，1921）。

1. 一位白黨的記者偷笑道：據說布爾什維克無法戰勝饑荒。
2. 白黨曾經還抱有過很多希望。
3. 曾經為德皇禱告。
4. 德皇戰敗了。
5. 白黨的將軍們來了。
6. 高爾察克和鄧尼金潰退了。
7. 然後弗蘭格爾成為了白黨的賭注。
8. 弗蘭格爾一溜煙兒跑了。
9. 白黨還能對誰抱有希望呢？
10. 饑荒的消息能使白黨抱有希望。
11. 資產階級者看到農民挨餓高興極了
12. 一定要戰勝饑荒，不讓白黨還抱有幻想。

1921 年，蘇維埃俄國發生了毀滅性的饑荒，以伏爾加河地區和烏拉爾南部最為嚴重，成為世界史上的重大災難之一。除了乾旱造成的糧食減產外，造成饑荒的還有不斷的戰爭，以及糧食徵收制所引起的消極後果。

1.

КТО НЕ СДАЛ НАЛОГА —
ТОМУ ВЕСЬ ДЕНЬ ТРЕВОГА.

2.

ХОДИТ ЗА НИМ ИСПОЛКОМ
С ОКЛАДНЫМ ЛИСТОМ

3.

ХОДЯТ ИНСПЕКТОРА
ДО НОЧИ С УТРА

4.

КОМИССАР ГРОЗИТСЯ БЕЗ ШУТОК.
ПОСАДИТЬ НА ВОСЕМЬ СУТОК,

5.

А НОЧЬЮ НЕ СПИТСЯ ДОЛГО:
ВСЕ ЧУДИТСЯ ВОЛГА.

6.

ТОЛПА ГОЛОДНЫХ КРЕСТЬЯН
БЕЗ ХЛЕБА И БЕЗ СЕМЯН.

7.

А КТО НАЛОГ ПОСПЕШИЛ СДАТЬ,
ТОМУ БЛАГОДАТЬ.

8.

ОТ ИСПОЛКОМА ПОЧТЕНЬЕ

9.

ОТ ИНСПЕКТОРОВ УВАЖЕНЬЕ.

10.

ОТ КОМИССАРА СПАСИБО.
ИБО

11.

ОН ИСПОЛНИЛ ДЕКРЕТ —
НИКАКИХ К НЕМУ ПРЕТЕНЗИЙ НЕТ

12.

ОН СПИТ СПОКОЙНО И ВИДИТ СОН:
КАТИТСЯ К ВОЛГЕ С ХЛЕБОМ ВАГОН
Главполитпросвет N- 304.

М. Черемных. Москва

M. Tcheremnich. Moskou

全體公民都要依法繳納糧食稅

《他已經繳納糧食稅》（契連姆內赫，1921）。

1. 沒有繳糧食稅的人將整日不得安寧。
2. 蘇維埃執行委員會將給他開處罰單，
3. 檢察官也會沒完沒了地對他發出警告，
4. 人民委員甚至會下令將他拘留八天。
5. 他將整夜難眠，伏爾加河地區大饑荒的場面將刺痛他的眼睛，
6. 他看到一群饑餓的農民，沒有麵包，沒有種子。
7. 只有繳納糧食稅，才有天堂般的日子。
8. 執行委員會將對他充滿感激，
9. 檢察官也會對他示以尊重，
10. 人民委員將對他謝了又謝。
11. 遵守法令的人是不會受到任何指控的，
12. 他將得以酣睡，做著甜美的夢，夢到一輛開往伏爾加河地區的火車載滿給農民的麵包。

列寧在《論糧食稅》中說過：「要提高農民的生產力，就非得認真改變糧食政策不可。這種改變就是用糧食稅來代替餘糧收集制。」然而，一開始徵收糧食稅並非一帆風順，很多農民對新經濟政策表示懷疑，拒繳糧食稅，還有部分農民故意隱瞞土地與牲口，做起「背口袋的買賣」，破壞國家的恢復工作。所以為了徵收糧食稅，布爾什維克派遣大批黨員下鄉開展「糧食運動」，在必要時只有採取強制手段。

ДЕКРЕТ

1.

ТОРГОВЛЯ СВОБОДНА.

2.

ОДНАКО ОБЪЯВЛЯЕТСЯ ВСЕ=
НАРОДНО НИЖЕСЛЕДУЮЩЕЕ
ПРЕДУПРЕЖДЕНЬЕ ДЛЯ
ТОРГУЮЩЕГО НАСЕЛЕНЬЯ.

3.

КТО ТОВАР ПРОДАСТ,

4.

А НАЛОГА НЕ СДАСТ.

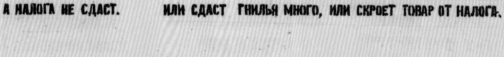

СДАЧА
НАЛОГА

5.

ИЛИ СДАСТ ГНИЛЬЯ МНОГО, ИЛИ СКРОЕТ ТОВАР ОТ НАЛОГА.

6.

7.

КТО ТОРГУЕТ КАЗЕННОЙ
МОНОПОЛЬЮ.
НАПРИМЕР СОЛЬЮ,

8.

КТО ВО ВРЕД ТОВАРООБМЕНУ
В СТАЧКЕ С ДРУГИМИ
ВЗДУВАЕТ ЦЕНУ.

9.

ИЛИ ЭТОЙ ЦЕЛИ РАДИ,
ПРИДЕРЖИВАЕТ ТОВАР
НА СКЛАДЕ.

10.

ТОТ НЕ ТОРГУЕТ, А ЖУЛИТ
ТАКИХ ЧЕКА КАРАУЛИТ

11.

И ПОЛОЖЕНА ИМ КАРА:
КОНФИСКАЦИЯ ИМУЩЕСТВА
И ТОВАРА

12.

С ЛИШЕНИЕМ СВОБОДЫ
ИЛИ БЕЗ ЛИШЕНИЯ, СМОТРЯ
ПО ТЯЖЕСТИ ПРЕСТУПЛЕНИЯ.

ГЛАВПОЛИТПРОСВЕТ №252.

建立有序的市場體系

《貿易自由了》（契連姆內赫）。

1. 貿易自由了。
2. 不過要向做買賣的人公開宣佈如下警告。
3. 銷售貨物的人，
4. 不繳稅。
5. 銷售不合格產品，
6. 或者為了不繳稅故意隱瞞貨物。
7. 私自販賣國家專營貨物，比如食鹽。
8. 通過哄抬價格，擾亂市場秩序。
9. 或者為了牟取暴利，囤積居奇。
10. 這些人不是做生意的，而是騙子，契卡（肅反委員會）將守伺著他們。
11. 他們的財產和貨物將被沒收。
12. 根據罪行的嚴重性，還要進行拘留。

自新經濟政策實施以來，列寧始終把「貿易自由」視為反革命口號，認為「貿易自由就是退回到資本主義」。然而，面臨農民暴動所帶來的政治經濟危機，蘇維埃政權只有選擇向農民妥協，允許合作社與一部分私有制並存，以建立更穩固的工農聯盟。對於高利貸者、小店主、釀私酒者和批發商人在農村的興起，季諾唯也夫在俄共第十三次代表大會指出：「新經濟政策是有條件的⋯⋯在一定的限度內為我們所保留的、有調節的、有序的、明文規定並加以監督的貿易自由，是新經濟政策的一個基礎。」

1) - В ШИКАРНОМ ВАГОНЕ В ВАГОНЕ САЛОНЕ ТРИ ФРАНЦУЗА ЕДУТ И ВЕДУТ МЕЖ СОБОЙ БЕСЕДУ

2) ГОВОРИТ НУЛАНС ТРЯСЯСЬ ОТ СМЕХА -. ВОТ БУДЕТ ПОТЕХА -

3) КАК ДОЕДЕМ ДО ГОЛОДНЫХ МЕСТ СРАЗУ ВЫПУСТИМ МАНИФЕСТ.

4) КТО ХОЧЕТ ЕСТЬ ВСЛАСТЬ СВЕРГАЙ СОВЕТСКУЮ ВЛАСТЬ

5) ВОТ ВАМ ЦАРЬ ВОТ ЦАРИЦА А ВОТ РОЖЬ И ПШЕНИЦА.

6) ГОВОРИТ ЖИРО ПОДМИГНУВ ХИТРО

7) ЭТОГО МАЛО — МЫ ИХ ПОПРИЖМЕМ СНАЧАЛА

8) ПУСТЬ ПОПОТЕЮТ КАК СЛЕДУЕТ А ПОТОМ ПООБЕДАЮТ

9) ГОВОРИТ ПО ГЕНЕРАЛ БРАВЫЙ . ЗНАЕМ КОРМИШЬ ВСЕЙ ОРАВОЙ

10) МЫ ИХ ЧИСЛОМ ПОУБАВИМ ТИХИХ ОСТАВИМ

11) А КТО С НОРОВОМ ВЗДОРНЫМ — ТОГО ВЗДЕРНЕМ

12) ДРУЗЬЯ РАСХОДИТЕСЬ ОЧЕННО РОССИЯ-НЕВАША ВОТЧИНА

Главполитпросвет №316

М. Черемных. Москва   M. Tcheremnich. Moskou

法國代表團的新陰謀

《蘇俄不是你們的國家》（契連姆內赫，1921）。

1. 三個法國人驅車前往蘇維埃俄國。
2. 他們中的領隊牛蘭奸笑道：看看我們這次能找點什麼樂子。
3. 等到了饑荒地區，我們就發表一張公告。
4. 如果你想餓到吃自己的同胞，那就與蘇維埃為伍。
5. 只有沙皇能給你們帶來小麥和黑麥。
6. 吉勞德擠眉弄眼地說道，
7. 這招已經不靈了，我們得讓他們碰壁。
8. 讓他們先幹活流汗，然後就有胃口了。
9. 保羅將軍說，可我們也無法將他們一一餵飽。
10. 我們先讓他們隊伍的人數減少，只留下一些不鬧事的；
11. 那些挑頭鬧事者，我們就將他們處死 。
12. 夥計，給我馬上離開，蘇俄不是你們的國家。

約瑟夫‧牛蘭，法國外交家，於1917年任命駐俄國大使，與白衛軍合作，要求蘇維埃政權償還沙俄的債務。他的同伴保羅將軍是著名的君主主義者，而吉勞德曾在莫斯科擁有工廠，他們在十月革命後從事反布爾什維克的活動。牛蘭的法國代表團最終被蘇聯驅逐出境。

ОПЫТ НОВОЙ ЭКОНОМИЧЕСКОЙ ПОЛИТИКИ ПОКАЗАЛ, ЧТО МЫ НА ВЕРНОМ ПУТИ

НОВАЯ ЭКОНОМИЧЕСКАЯ ПОЛИТИКА

НАДО ДАЛЬШЕ ПО ЭТОМУ ПУТИ ИТТИ

2.
РАНЬШЕ С КРЕСТЬЯНИНОМ ВРАЖДОВАЛИ НЕМНОГО

3.
ОТНОШЕНИЕ ИЗМЕНИЛОСЬ С ОТМЕНОЙ РАЗВЕРСТКИ И ВВЕДЕНИЕМ НАЛОГА

4.
РАНЬШЕ С ЗАВОДА РАБОЧИЙ БЕЖАЛ ПРОСТО

А ТЕПЕРЬ ЗАИНТЕРЕСОВАН ПРОМЫШЛЕННЫМ РОСТОМ

6.
РАНЬШЕ КОЕ ГДЕ МЕНЬШЕВИЧЕК УСПЕХ ИМЕТЬ МОГ

7.
А ТЕПЕРЬ У МЕЛКОБУРЖУАЗНЫХ ПАРТИЙ ПОЧВА ВЫБИТА ИЗ ПОД НОГ

8.
РАНЬШЕ ИНТЕЛЛИГЕНЦИЯ ШЛА ПОД БЕЛОЕ ЗНАМЯ

9.
А ТЕПЕРЬ РАСКОЛОЛАСЬ И БОЛЬШАЯ ЧАСТЬ ИДЕТ ЗА НАМИ

10.
СЛОВОМ КРЕПНЕТ ВЛАСТЬ СОВЕТОВ КАЖДОМУ ЗРЯЧЕМУ ВИДНО ЭТО

11.
ЧТОБ СРЫВ В РАБОТЕ ПОСТУПАТЕЛЬНОЙ НЕ БЫЛ

12.
ВСЕ СИЛЫ БРОСЬТЕ НА СБОР НАЛОГА

ВСЕ СИЛЫ БРОСЬТЕ НА ДОСТАВКУ ХЛЕБА

ГЛАВПОЛИТПРОСВЕТ № 453

М. Черемных. Москва

M. Tcheremnich. Moskou

全力以赴徵收糧食稅，全力以赴運送糧食

《新經濟政策推行之後，我們走在正確的道路上》（契連姆內赫，1922）。

1. 我們必須沿著這條路繼續前進。

2. 過去，我們與農民有點矛盾；

3. 以徵收糧食稅代替糧食徵收制後，農民對我們的看法改變了。

4. 過去，工人總想逃離工廠；

5. 現在，工業的發展與他們的利益息息相關。

6. 過去，在某些地方孟什維克取得了成功；

7. 現在，各種小資產階級的政黨失去了立足點。

8. 過去，知識份子會站在白軍旗幟下；

9. 現在，知識份子分裂了，而其中的大部分跟隨我們。

10. 總之，蘇維埃政權在強大起來，有眼的人都看得出。

11. 為了在工作發展中避免挫折，

12. 全力以赴徵收稅款，

13. 全力以赴運送糧食。

1. И В САМАРЕ И В РЯЗАНИ
ОЧЕНЬ РАДЫ КРЕСТЬЯНЕ

2. ШЛЮТ ДОБРЫЕ ФРАНЦУ-
ЗЫ
ПРОДОВОЛЬСТВЕННЫЕ ГРУЗЫ

3. ВОТ ДЫМОК ВДАЛИ ЗА-
МЕТИЛИ
ЕДУТ БЛАГОДЕТЕЛИ.

4. ВЫХОДЯТ ИЗ ВАГОНА
ЗА ПЕРСОНОЮ ПЕРСОНА.

5. МУЖИЧКИ ГЛЯНУЛИ
ПОБЛЕДНЕЛИ ОТПРЯНУЛИ

6. ПОДНЯЛСЯ ШУМ И КРИК!
ЭТО Ж НУЛАНС РОСТОВЩИК!

7. ОН ДАВАЛ ЦАРЮ ВЗАЙ-
МЫ
А РАСПЛАЧИВАЛИСЬ МЫ

8. А ВОТ ЭТОТ МОЛОДЧИК
ЖИРО ЗАВОДЧИК.

9. НАС КАК ЛИПКУ ОБИРАЛ
С РАБОЧИХ ШКУРУ ДРАЛ

10. А ЭТО ПО ГЕРОЙ
НАКРОШИЛ ЛЮДЕЙ ГОРОЙ.

11. ПОКРИЧАЛИ И БЕГОМ
В БЛИЖАЙШИЙ ИСПОЛКОМ.

12. ТОВАРИЩИ НЕ ЗА-
ЩИТИТЕ ЛИ
ПРИЕХАЛИ БЛАГОТВОРИ-
ТЕЛИ.

М. Черемных. Москва   M. Tcheremnich. Moskou

法國代表團無惡不作

《我們的「恩人」來了》（契連姆內赫，1921）。

1. 梁贊和薩馬拉的農民過得真是好。
2. 法國人將為他們運來食物。
3. 看到煙霧了嗎？火車不遠了，我們的「恩人」來了；
4. 他們按次序下了火車，
5. 農民看到他們時，嚇得面色蒼白，開始退縮。
6. 天哪！他們簡直不敢相信，那正是布爾什維克黨的債主 —— 牛蘭！
7. 他曾經出租大量的土地給沙皇，但向他繳納地租的卻是勞動者。
8. 再看看這個無恥混蛋，那不是曾經的工廠主吉羅嗎？
9. 他壓榨工人簡直不擇手段。
10. 這位是保羅。他真是位「英雄」，因為他把成堆的人都剁成肉醬。
11. 農民驚恐地發出尖叫，急忙奔向最近的人民委員會求助。
12. 同志，請把我們從這些「恩人」的手中救出。

ЧТО ЖДЕТ НЕПРИВИТЫХ!

1. ЭЙ СМОТРИ СЮДА НАРОД!

2. ВИДИШЬ: ВОТ ОДИН УРОД

3. ВОТ СЛЕПОЙ НАВЕКИ

4. ВОТ - СМОТРИ: КАЛЕКИ!

5. ЕСЛИ БУДЕШЬ ТЫ ЗЕВАТЬ

6. И ТЕБЕ-Б ТАКИМ НЕ СТАТЬ

ПУНКТ ПУНКТ

7. МЧИСЬ НА ПУНКТ ЖИВЕЙ

8. ОСПУ ТАМ ПРИВЕЙ!

ГЛАВПОЛИТПРОСВЕТ № 233

М. Черемных. Москва   M. Tcheremnich. Moskou

趕緊接種天花疫苗

《不接種疫苗的人，當心你們的下場！》（契連姆內赫，1921）。

1. 瞧瞧這些拒絕打疫苗的人是什麼下場！
2. 這是麻子臉；
3. 他已經永久失明；
4. 這位是跛子，那位也是；
5. 如果你不及時打疫苗的話，
6. 這些都很有可能是的你下場。
7. 趕緊跑到車站去，
8. 去那裡接種天花疫苗。

俄國在處於 1921 年大饑荒的同時，還爆發了多種可怕的疾病，包括天花、瘟疫、斑疹傷寒等。

ЕСТВО

D. Moor. Moskou

勞動才是世上唯一的上帝（118-119頁）

摩爾的《耶誕節》（1921），對比了貴族的耶誕節與百姓的耶誕節：貴族們奔向伯利恒之星，為慶祝耶穌的誕辰；我們則面朝克里姆林宮的紅星，為慶祝自由的到來。圖中遊行的紅軍隊伍揮舞著「全世界的勞動大軍萬歲！」與「全世界無產者，聯合起來！」的大旗，而圖下方的詩歌〈富人的節日〉與〈我們的節日〉，則為喚醒受宗教思想蒙蔽的勞動人民，內容大致如下：

〈富人的節日〉
「天上有伯利恒之星，地上有耶穌的誕辰。窮人休想得到麵包，神的話語就是窮人的麵包。貧窮是罪惡的盾牌，耐心是通往天堂的路，三賢人曾用這樣的奇談欺騙牧人。耶穌之名其實由富人掌控，並用它來奴役窮人。在基督的名義下，窮人一直過著火與劍的節日。對窮人來說，這是流血的折磨，而堆滿黃金的天堂也不過是童話。富人本來就擁有黃金，即使走到天堂，也不會迷路。因此，全世界的富人把這一天當作聖日，而三賢人為拜見耶穌，至今還在路上。」

〈我們的節日〉
「過去的 19 個世紀已躺在墳墓裡，舊的制度再也不會復活。克里姆林宮的紅星使伯利恒之星黯然失色。耶誕節是為慶祝離開地獄，我們在十月革命的旗幟下過耶誕節。讓那歷來的騙局徹底消失吧！做慣奴隸的人們，挺起胸膛！各個國家的奴隸都將推翻統治階級。牧人把天堂的通行證還給三賢人，『天國歸你們了，我們要管的是地上的國家』。讓三賢人到雲端摘天堂的香梨吧！有耳朵的人都聽著，勞動才是世上唯一的上帝！」

「宗教是毒害人民的鴉片」是馬克思的名言，列寧在他的《社會主義與宗教》中重述了這句名言。幾個世紀以來，剝削階級利用宗教在精神上奴役人民，使他們逆來順受、安於貧困，因而工人階級堅決主張政教分離，使人民在精神上獲得自由。1923 年 1 月的耶誕節前夕，工農紅軍在莫斯科舉行了遊行。他們唱著無神論的歌曲，燒毀畫有聖徒和神職人員的草人。

第二部

俄國革命與國際畫刊

國際社會的圖文記載

趙子豪

　　本書的核心內容，是透過政治宣傳畫來了解蘇俄內戰始末。然而，作為俄國革命的延續，內戰爆發的原因是錯綜複雜的，單單透過以革命情感為主體的政治宣傳畫，讀者終究無法俯瞰全局。於是，便有了第二部 —— 俄國革命與國際畫刊 —— 的誕生。

　　本部收錄了上個世紀初，以法國和日本為代表的協約國媒體對俄國革命的圖文報導，其中又以法國媒體的報導最為全面，從 1905 年革命到十月革命，基本上反應了俄國革命所涉及的所有重大事件。其實，早在 1892 年，為了對抗以德國為盟主的「三國同盟」，法國與沙皇俄國之間就已簽訂了軍事協定，形成法俄同盟。而另一方面，沙俄政府購買軍火、推銷公債就全都只靠法國。因此，作為與沙俄最早建交的盟國、以及沙俄最大的債權國，法國自 19 世紀末便對沙皇俄國的一舉一動進行了緊密監察。

　　至於本部收錄的日本媒體報導，其內容全部反應「西伯利亞干涉」。這是由於在「西伯利亞干涉」的過程中，日本以幫助俄國臨時政府為理由，出兵七個師團，共計七萬三千餘人，占了協約國 80% 的兵力。儘管由於沙俄遠東政策與日本大陸政策的矛盾衝突，兩國長期呈現對峙狀態，但在日俄戰爭結束後，沙俄需要集中力量鎮壓國內日益成熟的革命形勢，而日本也為戰爭付出慘重代價，已無力將俄國逐出遠東，於是兩國出於對自身利益的考量，又從仇敵走上了結盟的道路，四次簽訂《日俄密約》，結成同盟，規定了雙方在華的勢力範圍。而為了對抗德奧同盟，英法也力促日俄改善關係。然而不幸的是，在西伯利亞的干涉計畫中，日本決定全面控制中國，以便對蘇俄出兵。

　　毫無疑問，無論是法國還是日本，它們對俄國革命的報導都帶著各自的眼光，體現了不同的立場。為了製造對俄國革命者的負面輿論，在 1906 ～ 07 年的報導中，法國媒體用彩色石印畫刻意渲染了社會革命人的殘暴。而在反應二月革命和十月革命的照片中，為沙皇政府效力的司令官、將軍紛紛成為了英雄，臨時政府成為留下濃墨重彩的一筆，而列寧卻成為了俄羅斯帝國的叛徒。事實上，也正是由於列寧堅持與德國單獨媾和，才導致法國出兵干涉蘇俄。類似地，在關於「西伯利亞干涉」的報導中，日本媒體以表現「皇軍」的「英勇」為主，強調了其盟友捷克軍團的「貢獻」，徹底輕描淡寫了蘇俄紅軍的頑強抵抗，還美化了對中國的侵略。然而，本著紀念俄國十月革命的原則，筆者在為此章圖說的撰文過程中，還是盡可能地使用了相對平緩、理性的語言，在真實反應法國和日本媒體所述內容的同時，也力求避免在語言上與前一章的立場發生衝突。

　　本部將關於 1905 年革命的報導作為開篇，它的意義非比尋常，因為 1905 年革命一方面加速了沙皇專制制度的滅亡，另一方面也證明了工人革命的可行性，為無產階級革命奠定了方向，列寧稱之為「1917 年革命的總演習」。另外，托洛茨基將 1905 年革命稱為「實驗室」，因為它「造成了俄國政治生活內的所有

基本的派別，又反映出俄國馬克思主義內部各種不同的傾向」。誠然，尼古拉二世於 1905 年 10 月 17 日頒佈的《十月宣言》滿足了溫和派政黨的既得利益，使革命暫時得到平息，但它始終無法解決農民土地問題。列寧因此將《十月宣言》視為騙局，並繼續為布爾什維克黨 1917 年十月的奪權運籌帷幄。

俄國傷兵悲傷回憶
1905 年，*Journal des Voyages* 圖文報導。

圖說：從戰場回歸的俄國傷兵，娓娓道來戰場上死裡逃生的經歷。
圖中衰老跛足的俄國士兵，出席一場宴會並和一名貴族仕女大談戰場上的種種殘酷景象，這些對於戰場的親身體驗，雖然可能有所誇大，卻成為後來史家了解戰爭細節的重要史料，也是後人想像當時戰場氛圍的主要依據。（李佳達撰）

LE RETOUR DES ÉCLOPÉS

…hange de l'aumône reçue, ils décrivent les combats formidables de trois ou quatre jours, où ils dormaient quelques heures à l'abri des piles de cadavres.
(P. 34, col. 1.)

La foule attendant les nouvelles de Saint-Pétersbourg près du Journal « Jujnoe Obozrenie », dans la rue Gavanaia.

La Promenade des Drapeaux rouges dans la rue Pouchkine

俄國人民爭取言論自由

1905，*Le Monde Illustré* 圖文報導。

圖說：在《南方評論報》外等待的群眾（上圖），普希金街上高舉革命紅旗的遊行（下圖）。

為了應付日俄戰爭俄國戰敗後引起的革命浪潮，人民上街要求沙皇尼古拉二世成立國會，並保障人民應該享有的基本權利，其中包括了確保言論自由。當時俄國的媒體都必須經過媒體檢查局的管制，列寧就曾形容這種檢查是「思想上的農奴制」，檢查局曾經否決了著名的文學家蒲寧擔任《南方評論報》的編輯，蒲寧當時的小說透過描寫農民的不幸遭遇，反映出俄國社會中農民的悲慘處境及貴族的腐敗，對人民的革命意識影響深遠，聲名卓著，後來更獲得了諾貝爾文學獎的肯定，但卻被檢查局以學歷不符打了回票，引起輿論嘩然。（李佳達撰）

Skitaletz
Andrejew
Schaljapin
Maxime Gorki

LES SEPT GRANDS CHEFS DU M

Teleschoff   Tschivikoff

RÉVOLUTIONNAIRE EN RUSSIE

俄國革命運動的七大領袖（130-131 頁）
1905 年，*La Vie Illustrée* 增刊圖文報導。

小標題：俄國革命的煽動家。
圖說：俄國革命運動的七大領袖。
十九世紀後期的俄國知識份子看到資本主義和西歐國家發展帶來的弊端後，轉而以社會主義為基礎，發展出民粹主義的思想，其中手段各異，有人支持和平漸進的改革，也有主張無政府暴力的革命。日俄戰爭俄國戰敗後引發的一連串抗議行動，被列寧稱為後來 1917 年十月革命勝利的「總演習」，圖中七位則都是這場總演習的要角，例如圖後排左二的高爾基，他早期的文學作品，批判資產階級社會的悽慘，並表達了底層人民被剝削的憤怒，深深打動了一般俄國人民對革命的渴望，1905 年前後他還結識了列寧並加入了布爾什維克黨，進而繼續創作與資產階級集體鬥爭的作品，塑造共產主義者的形象，開啟後來的無產階級文學發展。（李佳達撰）

莫斯科總督遭到炸彈攻擊
1905 年 3 月 5 日，*Le Petit Journal* 增刊圖文報導。彩色石印畫一幅。

圖說：革命黨於莫斯科發動恐怖攻擊，以炸彈殺死沙皇尼古拉二世的叔叔瑟爾格。
圖中瑟爾格的馬車被突然的爆炸襲擊，當場粉碎，馬匹倒地，人也身首異處，血肉模糊，足見爆炸的威力。瑟爾格當時擔任莫斯科的總督，除了是沙皇的叔叔，還娶了皇后的姊姊，這個暗殺的政治意味濃厚，也迫使尼古拉二世領悟到國內政局的危機，而決定妥協，意外發生四天後他便下詔承認官僚制度的無能，並廣開言路，徵求改革的建言，但面對如雪片般飛來的建議案，沙皇根本無法應付，改革看似遙遙無期。（李佳達撰）

Le Petit Journal

Le Petit Journal
CHAQUE JOUR — SIX PAGES — **5 CENTIMES**
Administration: 61, rue Lafayette

Le Supplément illustré
CHAQUE SEMAINE **5 CENTIMES**

5 centimes SUPPLÉMENT ILLUSTRÉ **5** centimes

Le Petit Journal militaire, maritime, colonial..... **10 cent.**
Le Petit Journal agricole, **5 cent.** **La Mode** du Petit Journal, **10 cent.**
Le Petit Journal illustré de La Jeunesse..... **10 cent.**
On s'abonne sans frais dans tous les bureaux de poste

ABONNEMENTS

	SIX MOIS	UN AN
SEINE ET SEINE-ET-OISE	2 fr.	3 fr. 50
DÉPARTEMENTS	2 fr.	4 fr.
ÉTRANGER	2 50	5 fr.

Les manuscrits ne sont pas rendus.

Seizième année DIMANCHE 5 MARS 1905 Numéro 746

ATTENTAT RÉVOLUTIONNAIRE A MOSCOU
Le Grand-Duc Serge, oncle du Tsar, tué par l'explosion d'une bombe

Dix-Septième année. — N° 876.   Huit pages : CINQ centimes   Dimanche 19 Novembre 1905.

Le Petit Parisien

SUPPLÉMENT LITTÉRAIRE ILLUSTRÉ

TOUS LES JOURS
Le Petit Parisien
(Six pages)
5 centimes
—
CHAQUE SEMAINE
LE SUPPLÉMENT LITTÉRAIRE
5 centimes

DIRECTION: 18, rue d'Enghien (10ᵉ), PARIS

ABONNEMENTS
—
PARIS ET DÉPARTEMENTS :
12 mois, 4 fr. 50. 6 mois, 2 fr. 25
UNION POSTALE :
12 mois, 5 fr. 50. 6 mois, 3 fr

À SAINT-PÉTERSBOURG
La Foule lisant et discutant le Manifeste de l'Empereur

聖彼得堡的街頭議論

1905 年 11 月 19 日，*Le Petit Parisien* 增刊圖文報導。彩色石印畫一幅。

小標題：聖彼得堡街頭人們討論著沙皇的政策。

沙皇面對國內緊張的局勢，先在 8 月宣佈組織「皇家杜馬議會」，但不為輿論所接受，莫斯科的鐵路工人10 月 8 日開始罷工，各地接著響應，全國鐵路交通癱瘓，其他工廠的工人也加入罷工，首都聖彼得堡由於是工業重鎮，工會組織最多，也成為全國的革命中心，工人代表們成立了「蘇維埃」會議，並印行公報，討論與協調罷工的行動。圖中可看到，聖彼得堡的街頭巷尾都有人向工人散發罷工的宣傳品，大家拿著文宣熱烈地討論目前的局勢與沙皇政府的腐敗，也迫使沙皇發佈著名的「十月宣言」，確立了後來走向君主憲政的體制。（李佳達撰）

黑海艦隊的起義

1905 年 12 月 17 日，*Le Petit Parisien* 增刊圖文報導。彩色石印畫一幅。

小標題：叛變的俄軍黑海艦隊砲轟海軍基地。
在對馬海戰中俄國艦隊被徹底擊敗，戰爭指揮失當造成的死傷已經讓俄國的海軍怨聲四起，俄軍黑海主力艦「波坦金」號上的水兵因無法忍受一連數月低劣的伙食，所有的肉都長滿蛆蟲而抗議，竟遭到軍官擊斃，引發大部分水兵的不滿，憤而起義，將欺壓的軍官丟下海，並插上象徵革命的紅旗。圖中右上方的波坦金號向黑海艦隊的參謀總部開砲，船上紅旗飄揚，而四周其他的船艦本是沙皇派來攻擊波坦金號的援軍，卻拒絕向自己的同袍開槍，甚至自己也插上紅旗，加入起義軍的行列。（李佳達撰）

x-Septième année. — N° 880.   Huit pages : CINQ centimes   Dimanche 17 Décembre 1905.

Le Petit Parisien

SUPPLÉMENT LITTÉRAIRE ILLUSTRÉ

TOUS LES JOURS
Petit Parisien
(Six pages)
5 centimes
—
CHAQUE SEMAINE
SUPPLÉMENT LITTÉRAIRE
5 centimes

DIRECTION: 18, rue d'Enghien (10e), PARIS

ABONNEMENTS

PARIS ET DÉPARTEMENTS :
12 mois, 4 fr. 50. 6 mois, 2 fr. 25
UNION POSTALE :
12 mois, 5 fr. 50. 6 mois, 3 fr.

LES TROUBLES DE RUSSIE
Les Révoltés de l'Escadre de la Mer Noire bombardent Sébastopol

Dix-Septième année.— N° 881   Huit pages : CINQ centimes   Dimanche 24 Décembre 1905.

Le Petit Parisien

SUPPLÉMENT LITTÉRAIRE ILLUSTRÉ

TOUS LES JOURS
Le Petit Parisien
(Six pages)
5 centimes

CHAQUE SEMAINE
LE SUPPLÉMENT LITTÉRAIRE
5 centimes

DIRECTION: 18, rue d'Enghien (10e), PARIS

ABONNEMENTS
—
PARIS ET DÉPARTEMENTS:
12 mois, 4 fr. 50. 6 mois, 2 fr. 25
UNION POSTALE:
12 mois, 5 fr. 50. 6 mois, 3 fr

LA RÉVOLUTION EN RUSSIE

A Saratoff. — Assassinat du Général Sakharoff

社會革命黨暗殺沙卡洛夫將軍
1905 年 12 月 24 日，*Le Petit Parisien* 增刊圖文報導。彩色石印畫一幅。

小標題：沙卡洛夫將軍遭到暗殺。

日俄戰爭時，庫羅巴特金接任滿州軍總司令後，沙卡洛夫將軍便接掌了他原來的陸軍部長位置。圖中被派任前往地方處理農民暴動的沙卡洛夫將軍，被偽裝為當地名媛的社會革命黨分子在當地市政廳槍殺。激進的社會革命黨對政治恐怖行動自有一套解釋的邏輯，他們認為「暴力」與「武力」有著本質上的區別，當政府以「暴力」侵犯人民的權利，人民就可以利用「武力」向惡勢力進行正當的防衛，而恐怖的一切意義，便在於它要執行一個「不成文但卻無可爭議的社會良心的審判」。（李佳達撰）

俄國政府逮捕罷工領袖

1905 年 12 月 24 日，*Le Petit Journal* 增刊圖文報導。彩色石印畫一幅。

小標題：俄國的動亂。

圖說：逮捕聖彼得堡的罷工領袖。

在沙皇頒佈了著名的《十月宣言》後，工人代表組成的蘇維埃也發布公報加以回應：「憲法終於賜給了我們，我們以前也曾被給予過集會的自由，但集會處卻被軍隊包圍；我們也曾被給予過言論自由，但言論檢查法仍然不可侵犯；我們也曾被給予過學習的自由，但大學校園卻駐紮著軍隊；我們也曾被給予人身不可侵犯權，但監獄中卻仍然是人滿為患。」因此聖彼得堡的蘇維埃決定繼續罷工，俄國政府隨即採取行動，將 190 名蘇維埃代表於 12 月初集會時全部逮捕，才暫時遏止了這波罷工潮。（李佳達撰）

Le Petit Journal

Le Petit Journal
CHAQUE JOUR — **6 PAGES** — **5** CENTIMES
Administration : 61, rue Lafayette

Le Supplément illustré
CHAQUE SEMAINE **5** CENTIMES

5 Centimes SUPPLÉMENT ILLUSTRÉ **5** Centimes

Le Petit Journal Militaire, Maritime, Colonial..... **10** cent.
Le Petit Journal agricole, 5 cent. ✶ **LA MODE** du Petit Journal, **10** cent.
Le Petit Journal illustré de La Jeunesse..... **10** cent.
On s'abonne sans frais dans tous les bureaux de poste

ABONNEMENTS

	SIX MOIS	UN AN
SEINE ET SEINE-ET-OISE	2 fr.	3 fr. 50
DÉPARTEMENTS	2 fr.	4 fr. »
ÉTRANGER	2 50	5 fr. »

Les manuscrits ne sont pas rendus

Seizième année DIMANCHE 24 DÉCEMBRE 1905 Numero 788

LES TROUBLES DE RUSSIE
Arrestation des chefs du mouvement gréviste à Saint-Pétersbourg

Dix Huitième année. — N° 884.　　Huit pages : CINQ centimes　　Dimanche 14 Janvier 1906.

Le Petit Parisien

SUPPLÉMENT LITTÉRAIRE ILLUSTRÉ

TOUS LES JOURS
Le Petit Parisien
(Six pages)
5 centimes

CHAQUE SEMAINE
LE SUPPLÉMENT LITTÉRAIRE
5 centimes

DIRECTION: 18, rue d'Enghien (10e). PARIS

ABONNEMENTS

PARIS ET DÉPARTEMENTS
12 mois, 4 fr. 50. 6 mois, 2 fr. 2

UNION POSTALE:
12 mois, 5 fr. 50. 6 mois, 3 f

LA RÉVOLUTION EN RUSSIE

A Moscou. — Le Chef de la Police secrète fusillé par les Insurgés

秘密警察頭子的末日

1906 年 1 月 14 日，*Le Petit Parisien* 增刊圖文報導。彩色石印畫一幅。

圖說：在莫斯科 —— 秘密警察頭子遭起義者槍決。

圖中的起義者高舉革命的旗幟，將秘密警察的頭子捆起手臂，蒙上雙眼，然後將他亂槍打死。

1905 年革命時期，社會革命黨將沙皇專制政府的政治人物、皇族後裔、以及政府的告密者統統列入政治恐怖打擊物件的範圍之內。僅 1905 年 2 月到 1906 年 3 月期間，就有超過 700 名各種官職的警察人員被革命團體所殺害。

Dix Huitième année. — N° 929.　　　Huit pages : CINQ centimes　　　Dimanche 25 Novembre 1906

Le Petit Parisien

SUPPLÉMENT LITTÉRAIRE ILLUSTRÉ

TOUS LES JOURS
Le Petit Parisien
(Six pages)
5 centimes

CHAQUE SEMAINE
LE SUPPLÉMENT LITTÉRAIRE
5 centimes

DIRECTION: 18, rue d'Enghien (10e), PARIS

ABONNEMENTS
—
PARIS ET DÉPARTEMENTS :
12 mois, 4 fr. 50. 6 mois, 2 fr. 25
UNION POSTALE :
12 mois, 5 fr. 50. 6 mois, 3 fr.

L. RÉVOLUTION EN RUSSIE
Attaque et Pillage d'un Train par les Révolutionnaires

革命者對火車的恐怖襲擊與劫掠
1906 年 11 月 25 日，*Le Petit Parisien* 增刊圖文報導。彩色石印畫一幅。

圖說：火車遭到革命者的恐怖襲擊與劫掠。

圖中的革命者先炸毀火車，然後在滾滾濃煙中將火車上的財物洗劫一空，死傷者不計其數。

《十月宣言》的頒佈，使社會革命黨中央委員會認為，在憲法的秩序下，繼續開展恐怖活動是不理智的，因而決定暫停黨的恐怖活動。然而，社會革命黨戰鬥組無視中央委員會的決議，繼續在首都及各省獨力自主地從事恐怖活動。社會革命黨最高綱領派（極左翼）指出，恐怖主義不僅是反抗沙皇專制與剝削的萬能工具，而且是最好的宣傳動員方式，因為它能夠鼓動群眾參加武裝起義。最高綱領派成員對生命和財產的態度如同極端無政府主義者，他們經常參加無組織的暴力活動，包括縱火、搶劫、爆炸等。

Supplément illustré du Petit Journal

LE TERI
Tragique

ME EN RUSSIE
n dans une église

教堂中的恐怖活動（146-147 頁）

1907 年 2 月 24 日，*Le Petit Journal* 增刊圖文報導。彩色石印畫一幅。

圖說：教堂內的悲慘處決。

1905～07 年是政治恐怖活動最猖獗的時期，暗殺國家領導、秘密員警、軍官和告密者的恐怖活動層出不窮。圖中的兩名沙俄政府的幫兇為了逃避革命者的追殺，躲在東正教堂內以求庇護，卻仍然遭到革命者的包圍與襲擊。

協約國成員向威爾遜總統表明決心

1917 年 1 月 20 日，*L'ILLUSTRATION* 增刊圖文報導。

小標題：協約國對威爾遜總統的答覆。

圖說：1917 年 1 月 10 日下午 2 點半，法國部長會議主席阿里斯蒂德‧白里安（左）與比利時王國外交部長貝恩公爵（中），一同會見美國大使夏普（右）。

阿里斯蒂德‧白里安將一份外交文書遞給了夏普。在這份文書中，阿里斯蒂德‧白里安就威爾遜總統向參戰國提出的會談做出了回應。阿里斯蒂德在文書中表示，法國人民對協約國的冷靜決斷抱有絕對信心，法軍將為各參戰國的共同目標而竭盡全力。此外，該文書中還附有一份比利時政府公文。該公文一方面對協約國的決議表示附和，另一方面感謝美國對遭受德國侵略的比利時施以援手，並希望美國繼續關注比利時戰後的形勢。

Ce numéro contient : 1° Un portrait hors texte en couleurs du GÉNÉRAL MAZEL ;
2° Le huitième fascicule d'un roman par Art Roë, MONSIEUR PIERRE ;
3° Le TABLEAU D'HONNEUR DE LA GUERRE (planches 341 à 344).

L'ILLUSTRATION

Prix du Numéro : Un Franc. SAMEDI 20 JANVIER 1917 *75ᵉ Année. — Nᵒ 3855.*

M. ARISTIDE BRIAND   M. LE BARON BEYENS   M. SHARP

LA RÉPONSE DES ALLIÉS AU PRÉSIDENT WILSON

Voir l'article à la page suivante.

LE GRAND-DUC MICHEL ALEXANDROVITCH, FRÈRE DE NICOLAS II

Le tsar, en abdiquant, le 16 mars, avait légué la couronne à son frère; mais celui-ci, par un manifeste public, a déclaré ne vouloir accepter le pouvoir suprême que si telle était la volonté du peuple russe.

Photographie du grand-duc portant l'uniforme des cosaques qu'il commanda en Galicie.

皇位已成為燙手的山芋

1917 年 3 月 24 日，*L'ILLUSTRATION* 增刊圖文報導。

小標題：米哈伊爾大公放棄繼承皇位。

圖說：二月革命後，沙皇尼古拉二世於 3 月 16 日（西曆）宣佈退位。

由於自己唯一的兒子阿列克賽因身患血友病無法繼承皇位，尼古拉二世臨時決議將皇位傳給自己的幼弟米哈伊爾‧亞歷山德羅維奇大公。相比其他皇室成員，米哈伊爾更具自由主義傾向，他公開發表聲明：「自己是否接受皇位取決於立憲會議的選舉。」然而，在新成立的臨時政府中，以克倫斯基為首的大部分代表認為：沙皇制度已沒有存在的必要性，人民已不再需要任何一個沙皇。米哈伊爾出於對自身性命的擔憂，於 3 月 18 日簽署退位書，羅曼諾夫王朝正式宣告結束。圖中的米哈伊爾身穿哥薩克騎兵軍服，時任高加索山民騎兵師總指揮。

最後一任沙俄全軍總司令
1917 年 3 月 31 日，*L'ILLUSTRATION* 增刊圖文報導。

小標題：俄羅斯全軍最高統帥尼古拉斯大公。

尼古拉·尼古拉葉維奇（亦稱「尼古拉斯大公」），沙皇尼古拉二世的叔父，俄國騎兵上將，1905 年革命期間敦促沙皇同意謝爾蓋·維特提出的改革。一戰初期，尼古拉斯大公擔任俄羅斯全軍最高統帥，機智幹練，有勇有謀，深受士兵擁戴，在俄軍備戰不充分的情況下，依然取得一些成功。然而，在德奧軍隊於 1915 年的勝利攻勢下，沙皇於 9 月 5 日取代他成為俄軍總司令，把他降職為高加索方面軍總司令。1917 年 3 月，在沙皇簽訂退位書前夕，尼古拉二世再度任命他為俄軍總司令，但在 24 小時內就被臨時政府李沃夫總理撤銷了此任命。這張照片拍攝於高加索。

LE GRAND-DUC NICOLAS NICOLAIEVITCH

D'après une photographie prise au Caucase.

dernier acte du tsar Nicolas II, avant la signature de son abdication, avait été ⸱signer, pour le remplacer à la tête de l'armée russe comme généralissime, le ⸱duc Nicolas Nicolaïevitch, qui, jusque là, commandait en son nom au Caucase. ⸱ nomination n'a point été ratifiée par la voix populaire. Sous la pression, sans ⸱, des éléments avancés avec lesquels il lui faut bien compter, le gouvernement ⸱soire a dû annuler cette nomination. En vain, le grand-duc Nicolas avait, dès ⸱mière heure, adhéré, sincèrement, au changement de régime, en loyal serviteur ⸱ Russie et sans même songer à tirer du nouvel état de choses le moindre avan⸱personnel ; en vain, maître au Caucase, il avait fait libérer, de son propre

mouvement, les prisonniers politiques retenus dans les prisons de Bakou, et exhorté ses soldats à ne penser, comme lui-même, qu'au salut de la patrie, — suprême loi. Il faut dire ici que l'opinion publique, en France, a appris avec regret la décision qui, éloignant de toutes les charges tous les membres de la famille des Romanof, a privé la cause commune des services d'un chef tel que le grand-duc Nicolas Nicolaïevitch, soldat passionné, et exclusivement soldat, qui avait donné d'abord, comme généralissime, à la tête des armées qui combattent sur le front occidental, puis, plus tard, au Caucase, des preuves éminentes de sa valeur militaire.

LES JOURNÉES RÉVOLUTIONNAIRES DE MARS A PETROGRAD

Soldats et étudiants tirant sur les forces de police occupant l'autre rive du canal de la Moïka.

Phot. « Daily Mirror ». — Droits réservés par accord spécial.

彼得格勒衛戍部隊向遊行群眾全面倒戈
1917 年 4 月 14 日，*L'ILLUSTRATION* 增刊圖文報導。

小標題：彼得格勒衛戍部隊向起義者倒戈。

在 3 月 11 日（西曆）這個雪花紛飛的日子，彼得格勒衛戍部隊於海軍部大樓的圓拱門前，與守衛大樓的海軍士官生突然發生交火。這批衛戍部隊由臨時徵召的農民和工人組成，一方面受到革命宣傳的煽動，紀律散漫，缺乏戰鬥力。另一方面，他們深受從戰場上返回家鄉的俄國傷兵的影響。這些傷兵對戰爭殘酷景象的描述，在他們心中埋下了恐懼的種子；因此，這批衛戍部隊寧可守在安全的營房內，也不願奔赴前線送死。他們向遊行群眾的全面倒戈，成為了二月革命的轉捩點。

Ce numéro contient en supplément le TABLEAU D'HONNEUR DE LA GUERRE (planches 389 à 392).

L'ILLUSTRATION

Prix du Numéro : Un Franc.   SAMEDI 14 AVRIL 1917   75ᵉ Année. — Nᵒ 3867.

LA RÉVOLUTION RUSSE

grand portrait du tsar Nicolas II qui occupait la place d'honneur dans la salle des séances de la Douma a été enlevé de son cadre; les armes impériales en bronze ont été arrachées de la tribune; des officiers et soldats occupent les places des députés et des ministres et l'un d'eux est monté à la tribune où (dans la petite photographie d'une séance de 1916) on voit l'ancien président du Conseil, M. Sturmer, lire une déclaration.

革命前與革命後的杜馬大廳
1917 年 4 月 14 日，*L'ILLUSTRATION* 增刊圖文報導。

小標題：革命者佔領杜馬大廳。
二月革命後的第二天，革命士兵闖入塔夫利達宮，移除懸掛在杜馬會議大廳的尼古拉二世肖像畫（列賓所作），並從講台上摘下青銅製的雙頭鷹國徽。他們在會議大廳裡紛紛入席，其中的一位軍官還登上了講臺。在圖右上方 1916 年的照片中，俄羅斯帝國大臣會議的前任主席伯里斯・施蒂默爾曾在這裡發表聲明。二月革命後，伯里斯・施蒂默爾被臨時政府逮捕。

彼得格勒蘇維埃受到廣大士兵的擁護
1917 年 5 月 12 日，*L'ILLUSTRATION* 增刊圖文報導。

小標題：彼得格勒蘇維埃掌握了武裝力量。

圖說：彼得格勒蘇維埃主席尼古拉・齊赫澤站在軍營當中，向擁護他的海軍陸戰隊士兵發言。

尼古拉・齊赫澤，孟什維克中間派，第三、四屆國家杜馬國會議員，早年曾以新聞記者的身分在格魯吉亞傳播社會主義思想，二月革命後當選彼得格勒蘇維埃主席。彼得格勒蘇維埃受到廣大武裝工人、士兵的擁護，這令剛成立不久的臨時政府感到擔憂。在 6 月的全俄蘇維埃第一次代表大會上，孟什維克和社會革命黨占多數派，尼古拉・齊赫澤也因此當選為全俄蘇維埃中央執行委員會主席。他支持臨時政府，主張把政權交給資產階級。然而，隨著蘇維埃左派力量布爾什維克的逐漸壯大，尼古拉・齊赫澤於 9 月被迫辭職，並於十月革命後站在蘇維埃的對立面，參與籌建格魯吉亞民主共和國。

Ce numéro contient deux suppléments : 1º Une double page hors texte : Notre artillerie d'assaut (« Tanks » français) ;
2º Le Tableau d'Honneur de la Guerre (planches 397 à 400).

L'ILLUSTRATION

ix de ce Numéro : 1 fr. 25.　　　　SAMEDI 12 MAI 1917　　　　75ᵉ Année. — Nº 3871.

UNE DES PHYSIONOMIES INQUIÉTANTES DE LA RÉVOLUTION RUSSE

L· député éorgien Nicolas Tchéidzé, président du Comité exécutif des députés ouvriers et soldats, chef du parti ouvrier et de l'opposition
au Gouvernement provisoire, prononce une harangue à la caserne des fusiliers marins qui l'acclament.

Voir l'article, page 460.

協約國盟友承認臨時政府的合法性
1917 年 6 月 2 日，*L'ILLUSTRATION* 增刊圖文報導。

小標題：協約國盟友認可臨時政府的地位。

圖說：照片攝於 1917 年 5 月 10 日，第四屆國家杜馬國會典禮正在塔夫利達宮舉行。

圖中的人物分別是法國軍備部長亞伯特‧托馬斯（右二），和其他協約國盟友派到俄羅斯的使者們。他們從左到右依序是：義大利大使馬奎斯‧斯卡羅蒂（左一）、美國大使大衛‧法蘭西斯（左二）、英國大使喬治‧布坎南（右一）。在 1917 年之前，英、法、義、美便分別是沙皇俄國的債權國。自二月革命以後，它們紛紛承認臨時政府的合法性，英、法兩國承諾繼續為俄國提供軍需援助，但前提是俄國不退出戰爭。臨時政府是由國家杜馬臨時委員會於 3 月 1 日宣佈成立。

Ce numéro contient en supplément le TABLEAU D'HONNEUR DE LA GUERRE (planches 405 à 408).

L'ILLUSTRATION

Prix du Numéro : *1 fr. 25.*   SAMEDI 2 JUIN 1917   *75ᵉ Année. — Nº 3874.*

Marquis Carlotti   M. David R. Francis   M. Albert Thomas   Sir George Buchanan
(Italie).   (Etats-Unis).   (Grande-Bretagne).

M. ALBERT THOMAS ET LES AMBASSADEURS ALLIÉS A LA SÉANCE SOLENNELLE DES QUATRE DOUMAS
le 10 mai 1917, à Petrograd.

Général Gourko   Général Broussilof

Le nouveau généralissime russe et le nouveau commandant des armées du Sud-Ouest.

ÉVÉNEMENTS DE RUSSIE

La plus intéressante nouvelle qui nous soit parvenue, ces jours derniers, de Russie, est celle d'importants changements dans le haut commandement militaire. Le général Alexeief, qui exerçait, en fait, les fonctions de généralissime depuis le moment où Nicolas II avait pris le commandement en chef de ses troupes, est mis à la disposition du gouvernement provisoire, auprès duquel il remplira la fonction de conseiller militaire. Il est remplacé, comme général en chef, par le général Broussilof.

La France et ses alliés ont accueilli avec joie l'accession du général Broussilof au suprême commandement de l'armée. Le nom du glorieux soldat qui dirigea la victorieuse offensive de l'été dernier, et rendit à la Russie Loutzk, la Galicie orientale et la Bukovine, nous apparaît comme le gage d'une reprise prochaine d'activité guerrière sur le front oriental. Nous avons trop cruellement souffert, depuis deux mois, de l'attitude des armées russes, de leur abstention regrettable, et, pour dire le mot tout net, de leur défection à la cause

勃魯西洛夫被任命為俄軍總司令
1917 年 6 月 9 日，*L'ILLUSTRATION* 增刊圖文報導。

小標題：新上任的俄軍總司令勃魯西洛夫。

勃魯西洛夫（圖右），俄國著名騎兵上將，1916 年 3 月任西南方面軍總司令，以在東線發動的「勃魯西洛夫攻勢」而著名，造成德奧死傷 140 萬，其中被俘 41 萬，取得了俄羅斯在一戰中最大的軍事勝利，但俄軍也在此役中損失慘重，傷亡近 50 萬。二月革命期間，勃魯西洛夫通電勸說沙皇尼古拉二世退位，並積極支持臨時政府留在協約國的陣營中，將一戰進行下去。勃魯西洛夫於 1917 年 5 月 4 日被臨時政府起用為俄軍總司令。位於左邊的古爾科將軍於 1917 年 3 月任西方面軍總司令，但由於擁護君主制，兩個月後就被臨時政府解雇。

Manifestation patriotique et revue des troupes sur la Place Rouge, à Moscou, pendant les journées révolutionnaires.

commune en un moment aussi décisif de la guerre, pour ne pas désirer, de la part de nos alliés de l'Orient, un changement complet d'attitude. Selon le mot du colonel Repington, l'éminent critique militaire du *Times* : « Si la révolution russe a accordé la liberté à la Russie, elle a aussi failli apporter l'esclavage à l'Europe. En mettant les choses au mieux, elle prolongera la guerre d'une année, à moins que les armées russes ne soient capables de renouveler promptement les hauts faits et les exploits du passé. »

C'est parce que nous avons confiance dans l'énergie, dans les hautes qualités militaires du général Broussilof, dans son ascendant moral sur la masse innombrable des soldats, dans son prestige, pour les ramener à une plus saine compréhension de leur devoir envers la grande cause que nous avons accepté volontairement de défendre avec eux, c'est pour cela que nous accueillons d'un cœur plein d'espérances sa nomination.

Le général Broussilof sera lui-même remplacé à la tête des armées du Sud-Ouest par le général Gourko, qui est l'un des plus jeunes officiers généraux de l'armée russe, puisqu'il n'a que cinquante-deux ans, et qui a déjà rendu d'excellents services. Ses qualités éminentes le désignèrent l'hiver dernier pour remplir l'intérim des fonctions de chef d'état-major général, qu'assumait le général Alexeief, quand celui-ci dut, pour raisons de santé, prendre un assez long congé. Fils du maréchal Gourko, qui fut le dernier gouverneur de Pologne investi du titre de vice-roi, le général Gourko a dans les veines du sang français : sa mère était, en effet, la fille du comte de Salias. Et voilà un autre chef sur l'énergie duquel nous pouvons compter (1).

Mais, pour que puisse se produire la rapide offensive que nous appelons de nos vœux, il est nécessaire que se calme absolument l'effervescence qui continue d'agiter les masses révolutionnaires, et que se modifie l'état d'esprit du *Soviète*, le conseil des délégués ouvriers et soldats. Or, nous avons encore de ce côté maintes raisons d'inquiétude, que ne semble pas avoir calmées, même dans le monde politique, le compte rendu détaillé qu'ont donné de leur voyage, au cours des dernières séances de la Chambre en comité secret, MM. Moutet et Cachin, qui reviennent d'une mission en Russie, où ils ont vu de près les choses. Nous avons la nette perception que la Révolution se poursuit, avec tous les soubresauts, tous les cahots les plus inquiétants.

Cependant, le gouvernement régulier, que préside le prince Lvof, continue à faire les plus louables efforts pour restaurer l'ordre au sein du pays, la discipline dans l'armée.

C'est ainsi que M. Kerensky, le nouveau ministre de la Guerre et de la Marine, a inauguré ses hautes fonctions par un voyage au front, où il allait porter aux troupes la bonne parole. M. Albert Thomas, notre ministre de l'Armement, l'accompagnait. Éloquents l'un et l'autre, patriotes convaincus, ces deux missionnaires ont fait la plus active, la plus ardente, la plus heureuse propagande. C'est la consigne : « En avant! », expression des idées mêmes du gouvernement légal, que M. Kerensky a donnée partout aux soldats. Nous attendons de voir bientôt comment il a été écouté.

M. Moutet, député socialiste du Rhône, en visite au front russe, au milieu des officiers et des soldats d'un régiment qu'il est venu exhorter à remplir leur devoir.

(1) A la dernière minute, on nous communique une dépêche de Petrograd, annonçant que le général Gourko aurait donné sa démission.

莫斯科的愛國主義遊行

1917 年 6 月 9 日，*L'ILLUSTRATION* 增刊圖文報導。

小標題：革命期間的愛國主義遊行。

圖說：資產階級政黨領導數千名群眾聚集在莫斯科紅場，進行愛國主義遊行，並觀看閱兵。

遊行隊伍手裡舉著克倫斯基的畫像、或寫有「打倒間諜」、「克倫斯基和勃魯西洛夫萬歲」的標語牌在街上行進。然而事實證明，這種愛國主義情緒是不牢固的。軍警的無情壓制、資本家的加倍剝削、前線的失敗、經濟的崩潰，這一切導致大量工人起來鬥爭，使得革命遊行與愛國主義遊行經常發生衝撞。左下附圖中，法國社會黨議員姆特先生（位於中央）出訪俄羅斯前線的一個團的軍官和士兵，號召大家履行自己的義務。

「勸說部長」克倫斯基對群眾發表演說
1917 年 6 月 10 日，*LE MIRROR* 增刊圖文報導。

小標題：克倫斯基於 5 月 1 日對群眾發表演說。
二月革命的成功為俄國迎來了第一個國際勞動節，在這一天裡，彼得格勒的大街上到處擠滿了群眾。此時的克倫斯基擔任臨時政府司法和軍事部長，正在彼得格勒戰神廣場上對人群發表致辭。克倫斯基以雄辯著稱，他的口才對百姓和士兵具有強烈的影響力。四月危機之後，臨時政府進行改組，克倫斯基繼古契科夫出任陸海軍部長，積極主張俄國參戰，並在這段時期經常去往前線，勸說士兵不要放下武器，被士兵們謔稱為「勸說部長」。

Septième année. — N° 185.   Le Numéro : **25** centimes.   Dimanche 10 Juin 1917.

LE MIROIR

PUBLICATION HEBDOMADAIRE, 18, Rue d'Enghien, PARIS

LE MIROIR paie n'importe quel prix les documents photographiques relatifs à la guerre, présentant un intérêt particulier.

Cl. de notre envoyé spécial.

M. KERENSKY, MINISTRE DE LA GUERRE RUSSE, PARLANT A LA FOULE LE 1ᵉʳ MAI

M. Kerensky, ministre de la guerre et de la marine, possède un ascendant irrésistible sur le peuple et les soldats. Le voici haranguant la foule sur le Champ de Mars, à Petrograd, au cours des manifestations du 1ᵉʳ Mai.

M. Goutchkof, ministre de la Guerre du gouvernement provisoire (avant M. Kerensky), expose aux délégués du front les motifs de sa démission.

Une des séances, au Palais de Tauride, qui aboutirent au vote de résolutions affirmant que la guerre « doit être menée jusqu'au bout, pour une paix sans annexions, ni contributions, mais avec de justes réparations ».

EN RUSSIE : AU CONGRÈS DES DÉLÉGUÉS DES ARMÉES DU FRONT

古契科夫和米留可夫相繼辭職
1917 年 6 月 16 日，*L'ILLUSTRATION* 增刊圖文報導。

小標題：前陸海軍部長古契科夫被迫宣佈辭職。

圖說：（上）前陸海軍部長古契科夫向前線的士兵委員會代表宣佈辭職，全場一片混亂，李沃夫政府處於癱瘓狀態；（下）前線的士兵委員會代表在塔夫利達宮召開會議。對於是否要為「實現不割地、不賠款的民主和平」而將戰爭繼續到底，代表們準備投票決議。

二月革命後，臨時政府不止一次地喊出「實現不割地、不賠款的民主和平」的口號。而要實現「不割地的和平」，就必須將戰爭進行下去，以將德軍逐回 1914 年時的國界。這在前線的士兵委員會中間始終沒有形成統一意見，士兵們也早已疲乏不堪。但即使如此，時任外交部長的米留可夫依然照會協約國同盟政府，承諾「將充分遵守對協約國所承擔的義務，要把世界戰爭進行到底」。米留可夫在冒失中拋出的聲明徹底激怒了彼得格勒的工人與士兵。5 月 3 日，彼得格勒爆發了大規模的反對戰爭的示威活動，示威者打出「打倒臨時政府」的標語，並要求解除米留可夫的職務。此時的米留可夫已成為眾矢之的，他於 5 月 12 日被迫宣佈辭職，而同樣鼓吹「建立強有力政府」的古契科夫於次日向李沃夫總理遞交了辭職信。

全俄農民代表大會在彼得格勒召開

1917 年 6 月 16 日，*L'ILLUSTRATION* 增刊圖文報導。

小標題：全俄農民代表大會於 5 月初在彼得格勒召開。

圖說：（上）全俄農民代表大會主席團成員的合影。（下）農民代表們聚在冬宮劇院中，為歡迎前線士兵的到來舉行儀式。

在一千多名農民代表中，社會革命黨占絕大多數，而布爾什維克總共只有二十多人。下圖中站在二樓左側觀眾席中央的，是社會革命黨領袖布列什柯夫斯卡婭，她曾經參加 1905 年革命，被小資產階級稱為「俄國革命的老太太」。站在她旁邊的分別是維拉・菲格納小姐、大會主席阿夫克先季耶夫和時任農業部長的切爾諾夫。托洛茨基在《俄國革命史》中批判了這次會議，認為代表的組成具有上層的性質，尤其以社會革命黨獨占優勢，並且將布列什柯夫斯卡婭等人稱為「裝門面的上層人物」。另外，列寧於 5 月 20 日出席了大會，強調「要有組織地把土地交給農民」。

Les présidents des groupes du Congrès des Paysans qui compte 800 membres.

Les délégués soldats du front venus saluer, à la Maison du Peuple, les délégués paysans.

A gauche, au balcon central : Mme Brechko-Brechkovski, la « grand'mère de la Révolution » ; à ses côtés, Mme Vera Fiegner ; M. Avskentief, président du Congrès ; M. Tchernof, ministre de l'Agriculture. Le grand écriteau du fond, au-dessus de la scène, donne des indications de spectacle : « Pièces en un acte. Divertissement. Cinématographe », et le prix des places pour les représentations.

EN RUSSIE : AU CONGRÈS GÉNÉRAL DES PAYSANS

M. ALBERT THOMAS AUX ARMÉES RUSSES. — Le ministre harangue un régiment sur le front des Carpathes.

'Auprès de lui un officie: interprète. — *L'Illustration* du 23 juin a publié le texte de cette allocution.

LE RETOUR DE M. ALBERT THOMAS

M. Albert Thomas, ministre de l'Armement, qui, depuis plus de deux mois, se trouvait en Russie, est rentré à Paris le 23 juin en passant par Stockholm et par Londres. Il n'a pas eu, à Stockholm, d'entrevue officielle avec les membres du bureau hollando-scandinave, mais il a reçu, à titre privé, la visite de plusieurs d'entre eux. Il avait, d'ailleurs, eu l'occasion d'adresser à M. Branting une déclaration relative au manifeste des socialistes majoritaires allemands.

Tant au cours de son voyage qu'après son retour, M. Albert Thomas a accordé d'assez nombreuses interviews où il a dit les impressions qu'il rapportait de Russie.

Ces impressions sont, en définitive, assez rassurantes. Sans doute la Russie souffre d'une crise économique et d'une crise financière qui sont graves; mais les inquiétudes que donnaient la question gouvernementale et la question militaire ont beaucoup diminué. Une collaboration loyale existe maintenant entre le Soviet et le gouvernement provisoire. Si les éléments extrêmes du Comité des ouvriers et soldats continuent leur agitation, la majorité de l'assemblée, habilement dirigée par son président Tchéidzé, se montre plus conciliante. D'ailleurs, l'entrée dans les Conseils

法國軍備部長對俄軍發表講話
1917 年 6 月 30 日，*L'ILLUSTRATION* 增刊圖文報導。

小標題：法國軍備部長亞伯特・托馬斯訪問俄羅斯。

圖說：照片攝於喀爾巴阡戰線，亞伯特・托馬斯情緒高漲，正在向已經疲憊不堪的俄國軍隊發表講話，他為協約國的事業深感焦慮。

亞伯特・托馬斯，曾任記者、尚皮尼市議員，一戰期間負責管理兵工廠的軍需生產，並於 1916 年擔任法國軍需部長。1917 年，亞伯特・托馬斯訪問俄羅斯達兩個多月之久，俄羅斯在二月革命後的無序狀態和軍事災難令亞伯特・托馬斯感慨頗深。他在返回法國的歸途中，到處發表演講，講述他在俄國的見聞。

德·卡斯泰爾諾將軍在洛林視察部隊
1917 年 7 月 7 日，*L'ILLUSTRATION* 增刊圖文報導。

小標題：俄國軍隊在法國。

圖說：德·卡斯泰爾諾將軍正在視察一支駐洛林的俄國部隊。

LES TROUPES RUSSES EN FRANCE

Le général de Castelnau inspecte un détachement cantonné dans un village de Lorraine.

Septième année. — N° 189.   Le Numéro : **25** centimes.   Dimanche 8 Juillet 1917.

LE MIROIR

PUBLICATION HEBDOMADAIRE. 18, Rue d'Enghien, PARIS

*LE MIROIR paie n'importe quel prix les documents photographiques relatifs à la guerre,
présentant un intérêt particulier.*

Cl. de notre envoyé spécial.

M. KERENSKI ET LE GÉNÉRAL BROUSSILOF AU G. Q. G. DU FRONT SUD-OUEST

Les discours prononcés sur le front russe par M. Kerenski, ministre de la guerre et de la marine, ont eu la meil-
leure influence sur les soldats. Voici le ministre en tournée. A gauche, le général Broussilof, le vainqueur de Galicie.

為繼續戰鬥達成共識
1917 年 7 月 8 日，*LE MIRROIR* 增刊圖文報導。

小標題：為繼續戰鬥達成共識。
圖說：在西南方面軍司令部的門前，克倫斯基總理與勃魯西洛夫將軍在經過一番長談後，達成了繼續戰鬥的共識。
他們一致認為，英法已為俄國提供了充分的物資保障，所以俄軍要堅持在協約國的陣營裡打下去。勃魯西洛夫將攻取加里西亞重鎮倫貝格作為階段性目標，並於 6 月 27 日宣稱，俄軍已完全做好準備。

克倫斯基無力解決俄國的問題
1917 年 8 月 11 日，*L'ILLUSTRATION* 增刊圖文報導。

小標題：克倫斯基。

亞力山大·費奧多羅維奇·克倫斯基，社會革命黨人，父親是列寧的中學老師。克倫斯基長期從事律師工作，並於 1912 年當選國家杜馬議員。二月革命之後，克倫斯基迅速崛起為風雲人物，同時獲選彼得格勒蘇維埃執委會副主席、以及杜馬國會臨時委員會委員，隨後在臨時政府中歷任司法部長、海陸軍部長，並於 7 月 21 日當選臨時政府總理。由於克倫斯基當局堅持對同盟國的戰爭，並且未能解決俄國的經濟和社會問題，最終被布爾什維克黨推翻。

Ce numéro contient un portrait hors texte en couleurs du GÉNÉRAL DEBENEY.

L'ILLUSTRATION

Prix du Numéro : 1 fr. 25.   SAMEDI 11 AOUT 1917   *75ᵉ Année. — Nᵒ 3884.*

KERENSKY

L'ILLUSTRATION

Prix du Numéro : 1 fr. 25.   SAMEDI 15 SEPTEMBRE 1917   *75ᵉ Année. — Nᵒ 3889.*

LE GÉNÉRAL KORNILOF

qui s'est dressé contre le Soviet et le gouvernement provisoire, après avoir prononcé à Moscou, avant la chute de Riga, ces paroles prophétiques :

« Prenez garde : demain Riga sera perdue, après-demain d'autres villes, si nous n'apportons pas un remède
à la désorganisation profonde de l'armée ! »

科爾尼洛夫叛亂

1917 年 9 月 15 日，*L'ILLUSTRATION* 增刊圖文報導。

小標題：科爾尼洛夫叛亂。

「克倫斯基攻勢」失敗後，科爾尼洛夫騎兵上將於 7 月 31 日成為全俄總司令，接替勃魯西洛夫。他對軍隊中的紀律渙散和布爾什維克傾向十分不滿，並且認為臨時政府沒有足夠的力量與蘇維埃抗衡。剛上任沒多久後，科爾尼洛夫就預言：「如果再不對混亂的軍隊狀態採取拯救措施，我們明天就會失去里加，後天就會失去其他城市。」 於是，他立即強化軍紀、整頓部隊，甚至開始收繳二月革命中流散到工人手裡的武器。在里加失守後，科爾尼洛夫於 9 月 7 日向臨時政府發出通牒，企圖發動政變，建立以科爾尼洛夫為首的軍人政權。然而，科爾尼洛夫打錯了算盤。自二月革命以來，民眾就把革命與自由劃上等號，因此建立軍人政權對民眾來說就是背叛革命。於是，臨時政府於 9 月 9 日下令解除科爾尼洛夫的總司令職務，並於 9 月 10 日釋放七月事件後被捕的布爾什維克黨人。他們拿起武器，重新組建赤衛隊，逮捕科爾尼洛夫，稱他為「人民的叛徒」。克倫斯基對科氏的評價則是「對政治家的作用領會得最差」。從此俄國軍隊陷入更深的混亂，而布爾什維克的力量死灰復燃，成為了科爾尼洛夫叛亂最大的受益人。

JOURNÉES DE GUERRE CIVILE
A PETROGRAD (16-18 JUILLET)

(D'UN DE NOS CORRESPONDANTS)

Petrograd, 19 juillet.

Nous venons, depuis lundi soir 16 juillet, de vivre deux jours de guerre civile aiguë pendant lesquels Petrograd a été au pouvoir des mitrailleuses et des fusils et pendant lesquels le sang a coulé au nom de l'anarchie.

La crise ministérielle provoquée par la question ukrainienne avait été quelque peu inattendue. A vrai dire, d'ailleurs, cette question ukrainienne n'a été que le prétexte de la crise. La véritable cause de la démission des ministres cadets doit être recherchée beaucoup plus loin et principalement dans le désaccord entre les programmes socialistes et bourgeois. Toujours est-il que, dans le même temps où cette crise éclatait, on constata une effervescence aussi soudaine qu'inattendue parmi la troupe et surtout parmi les éléments des partis extrémistes, anarchistes et bolchéviks.

Vers 19 heures, on apprend qu'à Viborg les ouvriers se mettent en grève et se dirigent vers le centre de la ville... Les usines Poutilof également cessent le travail... Le régiment de Moscou et le 1er régiment de mitrailleurs qui attendent l'arrivée des marins de Cronstadt décident de sortir à la première réquisition. De qui ? On ne sait pas... Cependant des ouvriers et des soldats en armes s'assemblent au quartier de Viborg, dans les casernes des pontonniers. Ce sont des réservistes bolchéviks ou à tendances anarchistes. Ils organisent des meetings contre le Gouvernement provisoire et convoquent les troupes à descendre armées dans les rues de Petrograd.

Vers 20 heures, des soldats armés parcourent en camions automobiles les quartiers adjacents à la perspective Liteiny, invitant les ouvriers à abandonner le travail et à se rendre à la Douma pour remettre leurs protestations (?) au Conseil des députés ouvriers et soldats.

D'autres arrivent, en automobiles également, à la gare de Varsovie, pour arrêter Kerensky qui vient de partir pour le front quinze minutes auparavant. Ils s'en vont. Les mêmes, ou d'autres, vont chez le prince Lvof pour arrêter tous les ministres qui se trouvent réunis en séance chez lui. Tsérételli sort pour parler aux soldats, mais ceux-ci sont déjà partis.

Partout s'improvisent des meetings en plein air où parlent des soldats armés. Il ressort de leurs discours qu'aucun d'eux ne sait exactement pour qui ni contre qui ils sont en armes dans les rues. Ils n'ont pas été convoqués par les comités des partis politiques, mais par des personnes isolées ou par quelques fractions militaires peu importantes, foyers d'anarchie et de bolchévisme.

Vers 21 heures, le Comité de la division des automobiles blindées tient une séance au manège Michel. Une automobile avec mitrailleuses arrive à la caserne du régiment Semionofsky, mais là les soldats déclarent catégoriquement qu'ils n'exécuteront que les ordres de leur Comité.

Entre 21 et 22 heures, le pont Liteiny est occupé par deux automobiles avec mitrailleuses... La 5e compagnie du 180e régiment d'infanterie défile dans la perspective Liteiny en criant : « A bas Kerensky ! »... A l'île Golodaï les 89e et 90e d'infanterie se joignent au 1er régiment d'infanterie. Une foule de soldats menace de détruire le palais des ingénieurs. Environ 5.000 soldats et ouvriers sont à l'hôtel de Mlle Kchesinskaïa. Cinquante automobiles et trois cents mitrailleuses se dirigent vers la rue Schpalernaïa. On communique de l'école d'artillerie Michel que les canons ont été enlevés par les soldats du régiment de Moscou.

Ainsi l'anarchie et le désordre continuent à croître, de plus en plus menaçants.

Enfin, à 22 h. 30, la 4e division des cosaques du Don, en tenue de campagne, sort pour rétablir l'ordre, et bientôt tous les ponts sont occupés militairement.

A 23 heures, je passe sur la perspective Newsky où se presse une foule houleuse au milieu de laquelle circulent péniblement de lourds camions automobiles chargés de soldats, baïonnette au canon. Dans la lumière grise de la nuit blanche, je distingue que ces automobiles ont, en outre, à chacune des quatre mitrailleuses disposées en croix. Ces automobiles menaçantes sont là depuis deux heures déjà pour « écraser la contre-révolution ».

A peine ai-je eu le temps de faire cette constatation qu'un coup de feu éclate. D'où a-t-il été tiré, par qui, et contre qui ? Personne ne le sait, mais immédiatement d'autres détonations lui répondent, suivies bientôt d'une fusillade désordonnée et par le déchirement sinistre des mitrailleuses. Dans la foule éperdue qui se bouscule et s'écrase pour s'échapper par les rues latérales, les balles, en sifflant, sèment la mort. Une dizaine de passants tombent sous mes yeux tandis que j'ai la chance de pouvoir me protéger à demi dans l'encoignure d'une porte cochère voisine.

La fusillade, scandée par le crépitement des mitrailleuses, s'arrête, reprend, continue, intermittente, au milieu des cris de terreur et de souffrance des blessés.

Je rencontre des postes de cosaques qui, pied à terre, attendent des ordres. Mais qui donne des ordres ? Contre qui opèrent-elles ? Les unes se bousculent, soutiennent le gouvernement, les autres marchent contre lui, avec souvent si peu de conviction qu'il suffit d'un mot énergique pour leur faire faire volte-face.

Rentré à l'hôtel Astoria, où j'habite, après avoir erré de rues en rues pour échapper aux collisions entre émeutiers, j'apprends que pendant ce temps les manifestants se sont dirigés vers la Douma. Les troupes à tendances anarchistes ont exigé la remise du pouvoir au Conseil des députés ouvriers et soldats.

Tcheidzé et Voïtinsky s'efforcent de calmer la foule ; mais leurs discours sont interrompus par les orateurs bolchéviks qui réclament l'arrestation des ministres et du Comité exécutif du Conseil des députés ouvriers et soldats et qui engagent la populace à s'emparer du pouvoir.

* *

Le lendemain mardi 17 juillet, les scènes d'anarchie, de désordre et de meurtre continuent à se dérouler en pleine confusion. Pendant des heures et des heures, des automobiles hérissées de baïonnettes et de mitrailleuses, chargées de soldats aux aguets, passent en trombes sur la vaste perspective Newsky encombrée de meetings tumultueux. Il semble que cette journée soit celle des marins de Cronstadt dont les patrouilles armées se succèdent dans les artères principales de la ville, tandis que des cortèges d'ouvriers et de soldats en armes défilent avec d'énormes placards écarlates. Partout, comme

la veille, se déchaînent des scènes de guerre civile, partout les balles sifflent. C'est la terreur !

Que demandent ces gens descendus dans la rue et qui versent ainsi le sang de leurs concitoyens ?

Ils disent qu'ils veulent que le pouvoir soit pris par les Comités exécutifs des Conseils des députés ouvriers, soldats et paysans. Or, ces Comités désirent, pour le bien même de la Révolution russe, que le pouvoir reste tel qu'il est. C'est ce qu'ils déclarent dans une proclamation. Mais, bien que complètement inorganisée, la minorité anarchiste et léniniste continue à demeurer maîtresse de Petrograd.

Vers 14 heures, sur la perspective Newsky, des automobiles maximalistes ouvrent, sans cause, un feu désordonné. Une panique effroyable s'ensuit immédiatement. Les tués et les blessés sont nombreux. La fusillade attire d'autres automobiles armées de mitrailleuses. Certaines maisons sont littéralement bombardées, les banques de Sibérie, russo-anglaise, le Crédit Lyonnais, ont toutes leurs vitres brisées. Cependant on remarque l'absence de certaines troupes bolchéviks telles que les régiments de Moscou, de grenadiers et de Pavlovsky. Par contre,

Les journées sanglantes à Petrograd

Cette photographie, d'une vérité et d'un mouvement étonnants, et dont beaucoup de Français de Petrograd conservent un exemplaire comme souvenir d'une journée tragique, a été prise par un de nos compatriotes à l'angle de la rue Sadovaïa et de la perspective Newsky, d'une fenêtre du n° 50 de celle-ci, en face de la Bibliothèque. Des mitrailleuses arrivaient à gauche, par la Sadovaïa, tirant dans l'axe de la rue. Parmi les passants inoffensifs, et aussi parmi les manifestants des deux partis, les uns

de de la guerre de rues, le 17 juillet.

fuient à toutes jambes ; les autres, mieux avisés, se couchent pour laisser le coup de faulx des balles passer au-dessus d'eux ; quelques-uns tombent aussi, sans doute, parce qu'ils sont atteints. Dans cette foule, où règne l'affolement, on reconnaît de nombreux marins, sans doute de ces marins de Cronstadt qui furent parmi les émeutiers les plus violents, mais dont quelques officiers énergiques, aidés de marins de la garde restés fidèles, finiront par avoir raison ce jour-là.

garde rouge de presque toutes les usines de Viborg et du vieux Petrograd est là, ainsi que des groupes de soldats détachés de la garnison.

Puis arrivent les « Cronstadtois » et leur arrivée est le signal d'une fusillade intense ; fusils et mitrailleuses tirent, au hasard, dans la foule, pendant plus d'un quart d'heure.

Des scènes semblables se répètent un peu partout.

Devant la cathédrale de Kazan, c'est une sotnia de cosaques qui est prise pour cible. A chaque instant, toutes les fois qu'une automobile chargée de maximalistes apparaît, une fusillade éclate. A l'angle de la Sadovaïa et de la perspective Newsky, du côté de la perspective Vladimirsky, dans la perspective Liteiny, partout les marins de Cronstadt ouvrent le feu contre les passants. Partout la panique est indescriptible. Partout on entend les cris déchirants des blessés qui appellent à l'aide.

A 16 heures, une énorme manifestation passe par la Sadovaïa ; tous les manifestants sont armés et traînent de nombreuses mitrailleuses. Détail caractéristique et qui indique bien le caractère de confusion et de désordre de l'émeute : à côté des placards maximalistes se

dressent des écriteaux qui protestent contre la paix séparée avec l'Allemagne.

Des marins, des ouvriers, des soldats arrêtent les passants qui leur semblent suspects, perquisitionnent dans les maisons, tirent au jugé sans savoir pourquoi, ni contre qui. C'est ainsi qu'au pont de Liteiny on relève environ 170 tués et blessés. Du côté de la Moïka, d'autres manifestants, montés sur un camion automobile armé de mitrailleuses, tirent, en marche, sur un groupe d'invalides qui stationnent devant l'immeuble de l'état-major.

A 17 heures, dans la rue Nadeïdenskaïa, un détachement de soldats du régiment de Moscou, en tenue de campagne, musique et drapeau en tête, entre en collision avec une patrouille de cosaques. Cinq tués et vingt-deux blessés.

— Qui vous a donné l'ordre de tirer ? ai-je demandé à plus de dix soldats.

Les uns, ne sachant que répondre, gardèrent le silence. D'autres me répondirent qu'ils ne savaient pas.

— Mais qui vous a donné l'ordre de sortir armés dans la rue ? insistais-je. Même ignorance.

Vers la fin de la journée, après tant de tueries sans but

et sans excuse valable, les uns continuèrent à errer dans les rues, les autres retournèrent dans leurs casernes, dont ils étaient sortis sur l'ordre d'inconnus et pour un but qu'ils ont ignoré.

.

Cependant, quelques officiers, principalement des Géorgiens, qui habitent comme moi l'hôtel Astoria, écœurés de voir Petrograd rester au pouvoir des anarchistes et des apaches, décidèrent d'aller offrir leur aide au Gouvernement provisoire.

Le gouverneur militaire de Petrograd leur ayant donné liberté d'action, bientôt ils eurent réuni une petite troupe d'environ quatre cents hommes (Circassiens et Géorgiens en majorité), tous permissionnaires ou blessés en convalescence, ainsi que quelques marins de la mer Noire. Et, soldats et officiers armés de fusils, ils descendirent à leur tour dans la rue. Dès lors, grâce à cette troupe peu nombreuse mais décidée, les épisodes à la d'Artagnan se répètent, se succèdent. Ici c'est le prince W. Eristof, un colosse, qui avec trois amis seulement se trouve entouré par des marins Cronstadtois, plus d'une centaine, et qui sans hésiter la somme de déposer les armes. Ils hésitent. Eristof, d'une voix tonitruante, commande : feu ! à ses compagnons et les émeutiers prennent la fuite.

Toute la journée, une foule immense avait entouré le palais de Tauride avec des placards aux inscriptions maximalistes. Les marins de Cronstadt avaient exigé qu'un ministre vînt leur parler. Tchernof était sorti et avait prononcé quelques paroles, malgré les interruptions continuelles et insolentes de la foule. Celle-ci, qui avait fini par entourer le ministre, l'avait tiré à bas du perron et, l'ayant forcé à monter dans une automobile, l'avait fait prisonnier. Immédiatement, Tcheidzé avait exigé des maximalistes qu'ils fissent remettre Tchernof en liberté, sur-le-champ. Mais déjà Trotzky avait harangué la foule : « Cronstadt révolutionnaire, beauté, fierté de la Révolution, êtes-vous pour la violence ?... » Et Tchernof, relâché, était rentré dans la salle, son veston en lambeaux.

Mais les violences s'étaient renouvelées, de plus en plus fréquentes. De la salle des séances on entendait les mitrailleuses crépiter. Les émeutiers étaient sur le point de passer à l'attaque du palais de Tauride, lorsqu'arriva sur la place la petite troupe dont je viens de parler.

L'un des officiers, le capitaine Sagouria, un tout jeune homme, se rend compte de la gravité de la situation. Une batterie d'artillerie de cavalerie légère est là, que le gouverneur militaire de Petrograd avait envoyée pour — en cas de besoin — défendre le gouvernement et la Douma. Tous les servants ont fui ou ont été tués ou blessés. Le capitaine Sagouria n'hésite pas. Il s'élance, traverse la place, prend le commandement des canons et, avec un caporal pour tout aide, il charge, pointe les pièces et tire, sous la grêle de balles que les émeutiers font pleuvoir sur lui et dont une seule, par miracle, l'atteint, et, sans le blesser, brise seulement la poignée de son sabre.

Bientôt la Douma est dégagée. Et ainsi, grâce à cette poignée d'hommes énergiques, la face des choses changea. On put voir des foules confuses de matelots et de soldats de Cronstadt courir vers la Néva, se rembarquer et partir précipitamment. Enfin, à minuit, l'émeute était vaincue.

Vers une heure du matin des sections des régiments Ismaïlovsky, Semenovsky et de Petrograd arrivent à la Douma et assurent le comité exécutif de leur dévouement. Le régiment de Lithuanie vient également et à leur exemple, peu à peu, compagnie par compagnie, la garnison de Petrograd presque tout entière se met aux ordres du Gouvernement provisoire.

.

La petite troupe des sauveurs de la Révolution russe continue cependant ses exploits. C'est le prince Winzemsky, dix-neuf ans, et son ami le capitaine Korsakof, qui vont à la *Pravda* et s'emparent de la feuille léniniste.

On les retrouve le lendemain 18 juillet avec le lieutenant de cavalerie Abatsief et le capitaine Aldatof, un Circassien musulman, devant l'hôtel de la Kchesinskaïa.

Là, tout le jour avait siégé le comité central du parti bolchévik ainsi que les leaders des internationalistes et des anarchistes. Autour de l'hôtel se pressait une foule de manifestants armés acclamant les discours de Lénine. Avec les bolchéviks, les soldats du 1er régiment de mitrailleuses et les marins de Cronstadt s'y étaient fortifiés. L'hôtel occupé après un plan d'attaque dirigé par le lieutenant Kozmine, adjoint au commandant en chef de la région, ce fut ensuite le siège de la forteresse Pierre et Paul où se sont réfugiés quatre cents bolchéviks avec des fusils et des mitrailleuses, des soldats du 1er régiment de mitrailleuses et des marins de Cronstadt qui ont terrorisé la garnison.

Enfin, aujourd'hui 19 juillet, le désarmement des rebelles est presque général. Du front arrivent des troupes sur lesquelles on peut, espère-t-on, compter : le régiment des hussards de Mitau, un régiment de cosaques. Des piquets de fantassins et de cavaliers parcourent la ville pour prévenir toute tentative nouvelle d'insurrection. Les quartiers ouvriers sont calmes. Les fabriques reprennent le travail. Et le Gouvernement provisoire attend d'autres renforts encore du front, environ cent mille hommes, grâce auxquels on peut espérer voir l· calme et l'or.lre s'établir enfin à Petrograd.

HENRY BARBY.

七月流血事件（182-183 頁）

1917 年 9 月 22 日，*L'ILLUSTRATION* 增刊圖文報導。

小標題：七月流血事件。

臨時政府於 7 月 1 日發起的「克倫斯基攻勢」遭到慘敗。當消息傳來，激起了廣大群眾的憤怒，他們決定將臨時政府轟下臺。7 月 16 日，全體彼得格勒的工人與士兵走上街頭，打著「打倒十名資產階級部長」及「一切權利歸蘇維埃」的標語，聚集在塔夫利達宮。次日，喀琅施塔得基地的水兵也加入了遊行的隊伍，當他們經過涅瓦大街時，遭到了忠於臨時政府的警察和「黑色百人團」成員的槍擊，造成大混亂，死傷者達 400 餘人。照片攝於涅瓦大街和鑄造大街拐角的一座大樓上，由一位居住在彼得格勒的法國人提供。圖中有人中彈跌倒，有人明智地趴下，也有人在奔逃。此次流血事件使示威者受到全面鎮壓，政權完全落入了臨時政府手中，由孟什維克與社會革命黨控制的蘇維埃成為了臨時政府的附庸。

克倫斯基在潛水艇上發表訓話

1917 年 10 月 13 日，*L'ILLUSTRATION* 增刊圖文報導。

小標題：克倫斯基發表訓話。

圖說：（上）潛水艇下水前，克倫斯基聲嘶力竭地對工人們進行訓話，其內容為「國家的救贖與革命」。（下）潛水艇開始下水後，克倫斯基站在船上寫有 X 標記的位置。

這是自二月革命以來，俄國艦隊中第一艘下水的潛水艇。訓話中，克倫斯基一再強調要節省開支，因為一旦失去英國和法國的物資援助，俄國將面臨經濟危難。他完全想不到，一個多月以後，這些工人會轉而支援布爾什維克，因為布黨向他們許諾了「和平，麵包，民主」。

在平息科爾尼洛夫叛亂後，臨時政府遭受重創，因為左右兩翼都對它失去信任。立憲民主黨人被孟什維克和社會革命黨人指責為科爾尼洛夫的同黨，而社會黨人部長們認為克倫斯基對科爾尼洛夫的處置失當，相繼宣佈辭職。因此，第二屆臨時政府維持了不到一個半月，克倫斯基就得重新組建班底。9 月 14 日，他成立了一個由五人組成的指導委員會，代行政府職權。他們不能代表任何一個黨派，同時也得不到蘇維埃的支持。此時的克倫斯基剩下的只有他的口才了，而臨時政府的生命力已不足兩個月。

Avant le lancement, M. Kerensky, haranguant les ouvriers, les invite à limiter leurs exigences économiques « pour le salut du pays et de la révolution ».

Le sous-marin à flot : M. Kerensky est à bord au-dessus du signe (×) sur la dunette.

UN EFFORT DE LA MARINE RUSSE. — Le premier sous-marin lancé depuis la révolution.

Septième année. — N° 214.   Le Numéro : **25** centimes.   Dimanche 30 Décembre 1917.

LE MIROIR

PUBLICATION HEBDOMADAIRE, 18, Rue d'Enghien, PARIS

LE MIROIR paie n'importe quel prix les documents photographiques relatifs à la guerre, présentant un intérêt particulier.

LA GARDE ROUGE VEILLE A LA PORTE DU TRAITRE LÉNINE A PÉTROGRAD

Malgré sa popularité, Lénine, qui fut toujours prudent, ne semble pas très rassuré sur son sort et se fait escorter de camarades fidèles. Voici, à la porte de son cabinet de travail, deux volontaires de la garde rouge.

列寧辦公室前的守衛士兵
1917 年 12 月 30 日，*LE MIROIR* 增刊圖文報導。

小標題：斯莫爾尼宮裡的守衛士兵。
圖說：照片攝於斯莫爾尼宮中列寧的工作室前，兩名赤衛隊員正在為列寧站崗放哨。
儘管列寧受到了廣大工人的擁護，但他始終保持高度警惕，因為在俄羅斯立憲會議和西方媒體看來，列寧領導的布爾什維克不僅出賣了俄羅斯，還出賣了整個協約國陣營。
斯莫爾尼宮曾經是貴族女子學院，因此門上印有「班主任女士」的俄文標識。在武裝起義的日子裡，列寧將這裡設為革命指揮部，並於 10 月 25 日在此發表蘇維埃政權的成立宣言。自 1917 年 11 月至隔年 3 月期間，列寧在這裡辦公和居住。

工人赤衛隊在街上架起大炮

1918 年 2 月 10 日，*LE MIROIR* 增刊圖文報導。

小標題：莫斯科武裝起義獲得勝利。

圖說：儘管士官生和軍校學生們在殊死反攻，想要重新占領克里姆林宮，可還是抵擋不住工人赤衛隊在莫斯科的街上架起的大炮。

在 1917 年 11 月 7 日彼得格勒起義勝利的消息傳到莫斯科後，當地的布爾什維克黨組織立即建立了領導起義的軍事總部。莫斯科的駐軍大多支持革命，他們很快就占領了郵電總局、電報局和克里姆林宮。然而，以莫斯科市長和右派社會革命黨人為代表的治安委員會迅速展開反攻，企圖奪回失去的據點。11 月 11 日，5 萬名赤衛隊員和革命士兵同敵人展開爭奪戰，列寧還派了波羅的海艦隊的士兵和彼得格勒赤衛隊來支援莫斯科起義。治安委員會於 14 日下午簽訂了投降協定，革命軍事委員會當晚宣佈莫斯科武裝起義獲得勝利。

Huitième année. — N° 220.   Le Numéro : **30** centimes.   Dimanche 10 Février 1918.

LE MIROIR

PUBLICATION HEBDOMADAIRE, 18, Rue d'Enghien, PARIS

LE MIROIR paie n'importe quel prix les documents photographiques relatifs à la guerre, présentant un intérêt particulier.

LA GARDE ROUGE A SACCAGÉ MOSCOU A COUPS DE CANON

Moscou vient de connaître toutes les horreurs de la guerre civile. Les junkers ou élèves des écoles militaires n'ont pu tenir, malgré leur vaillance, devant la garde rouge armée de canons, dont plusieurs de gros calibre.

L'ARM

Trotzky et son état-major passant en revue, à Moscou, un régiment de

Photographie de la Section photographique et cinémato

E
de   l'Armée Rouge, avant son départ pour le front tchéco-slovaque.

orté   de Moscou en 1918 par Robert Vaucher.

托洛茨基檢閱拉脫維亞師（190-191 頁）
1919 年 3 月 29 日，*L'ILLUSTRATION* 增刊圖文報導。

小標題：托洛茨基檢閱拉脫維亞師。
圖說：蘇俄革命軍事委員會主席托洛茨基（左五）親自檢閱拉脫維亞步兵師，他們即將在師長瓦采季斯（左三）的指揮下，與捷克軍團作戰。
在蘇俄紅軍由沙俄舊軍隊中保留下來的軍隊裡，拉脫維亞師是唯一的一支城建制隊伍。他們大多由拉脫維亞的工人、貧農組成，曾經是沙皇軍隊中最精銳的部隊之一。1917 年二月革命後，拉脫維亞步兵師幾乎全部布爾什維克化，並且於十月革命和國內戰爭期間，為蘇維埃政權的鞏固立下了汗馬功勞。

白軍士兵的境遇苦不堪言
1919 年 11 月 1 日，*L'ILLUSTRATION* 增刊圖文報導。

小標題：俄羅斯白軍士兵的痛苦。
照片由法國記者於內戰爆發兩年後在高爾察克的部隊中拍攝，白軍士兵們個個愁眉不展、士氣低迷，因為他們連吃敗仗，實在不敵驍勇善戰的伏龍芝軍隊。

Ce numéro contient quatre pages non brochées sur les UNITÉS A FOURRAGÈRE.

L'ILLUSTRATION

ENÉ BASCHET, directeur.

SAMEDI 1ᵉʳ NOVEMBRE 1919
77ᵉ Année. — Nº 4000.

Maurice NORMAND, rédacteur en chef.

APRÈS DEUX ANS DE GUERRE CIVILE. — La misère des soldats des armées de l'ordre
en Russie.

Photographie prise à l'armée Koltchak par notre correspondant Ludovic Grondijs. — Voir l'article à la page suivante.

海參崴派遣軍為干涉蘇俄踏上遠征

日本大正七年（1918 年）九月

《歷史寫真》圖文報導。

小標題：浦潮（即海參崴）派遣軍由東京起程。

大正七年（1918 年）8 月 12 日下午 3 點 25 分，海參
崴派遣軍在陸軍大將大谷喜久藏（左）的帶領下，整
裝齊發，準備由東京站搭乘火車，為「干涉西伯利亞」
踏上征途。照片的背景是青山陸軍大學的臨時軍司令
部。大谷大將率領的隊伍由派遣軍的重要軍官組成，
其中包括參謀長由比光衛（右上）、武內中將、稻垣
少將及其他司令員等。

派往浦潮之日本軍司令部東京起程之狀況

派往浦潮之一部隊由東京汐留驛起程之景

浦潮派遣軍の一部隊

浦潮派遣軍は大正七年七月某日前後より續々として其の所屬地を進發し、先發隊の一部は八月十一日午後二時、浦潮に上陸、翌十二日午前九時チエツク軍本部前に於て分列式を行つた、而して其地の特科部隊も急遽出動半踊を整へ相竝いで目的地に向つた。寫眞は八月十一日午後二時軍司令部附某隊が東京汐留驛を出發して壯途に就かんとしつつある光景で數千の群集の萬歳聲裡に意氣軒昂として故國を出で發つ士卒の風貌、却々に勇ましいものがある。

為海參崴派遣軍的一支部隊送行

（196-197 頁）
大正七年（1918 年）九月
《歷史寫真》圖文報導。

小標題：為海參崴派遣軍的某部隊送行。
大正七年（1918 年）8 月 11 日下午 2 點，海參崴派遣軍的某部隊在舉行天皇聖旨傳達儀式後，由東京汐留站登上列車，踏上旅途。他們一個個氣宇軒昂、底氣十足，做好了拼死一戰的準備。伴隨著此起彼伏的萬歲聲，列車緩緩地駛離了月臺。在月臺上的送行人群裡有各海陸軍大將，也有一般民眾。

尼古拉二世的追悼儀式

大正七年（1918 年）九月
《歷史寫真》圖文報導。

小標題：已故廢帝尼古拉二世的追悼會儀式。
大正七年（1918 年）8 月 3 日，在日本東正教會領袖 Sergie Tihomieroff 的主持下，由神職人員在東京聖尼古拉大教堂內，為尼古拉二世舉行了追悼會。然而，參加追悼會的日本民眾總共才有十幾人，對於曾經享有無上榮耀的沙皇來說無比淒涼。
二月革命爆發後，沙皇退位，俄羅斯君主制於 1917 年 3 月 15 日宣告終結，臨時政府將沙皇一家流放到滿目蕭條的西伯利亞。1918 年 7 月 16 日，沙皇全家老小 7 口在也卡捷琳堡一座屋子的地下室被布爾什維克的行刑隊射殺。

銃殺せられたる露國廢帝と東京ニコライ會堂に於

...ate Czar, who was shot dead, and his memorial service held at the
Nicholai assembly hall in Tokyo.

被銃斃之俄國廢帝與在日本東京俄國敎會堂行追悼式之光

（歷史寫眞大正七年九月號）

9

西伯利亞事變　浦潮港內之聯合各國軍艦

大正七年春、露國過激派の勢力愈々旺盛となり同時に同派の首領レーニン、トロツキー等の政府に反對するもの又各所に伏在して其の勢ひ侮るべからず露國々内は内訌相次ぎ全く取捨すべからざる狀況に陷り其の餘波遠く西伯利亞にも及ぼして浦潮の形勢日に險惡の度を加へ來つたから各聯合國は萬一に備ふる爲め各自軍艦を同港に派遣して警備せしむることなり、同年夏、各國共その陸軍を同地に派遣するまで、夫等の陸戰隊は各居留民の保護に任じた、寫眞は最近同港內に碇泊しつゝある各國派遣の軍艦を撮影したるものであて前列右より米國軍艦ブルツクリン號、英國軍艦サツフオトク號、帝國軍艦石見艦、同朝日艦及び支那軍艦又上段は浦潮港の全景である。

大正七年夏西伯利亞に於ける露國過激派及び獨墺俘虜軍の勢力次第に加はり形勢益々暗澹となり浦潮の運命も亦危險に瀕するの狀態に昭つたから各聯合國は夫々其の陸軍を派遣して秩序を恢復し過激派及び獨墺俘虜軍の勢力を西伯利亞より驅逐することとなつた、寫眞は即ち八月九日午前四時同港エケリシード波止場に碇泊したる佛蘭西軍の一個大隊が、同日午後チエツク司令官、自治廳市長か始め、英軍代表者、西伯利亞義勇兵等の出迎を受けて上陸し、今しもスエツトランスカヤ街街行進中の光景で、是等の兵士は十一日何れも戰線に向て輸送せられた。

西伯利亞事變　浦潮上陸之佛軍行進斯越蘭斯加亞街之景

海參崴港內的各國軍艦（200-201頁）
大正七年（1918年）十月，《歷史寫真》圖文報導。

小標題：海參崴港內的各國軍艦。
照片攝於1918年7月10日，海參崴港內停靠著美國軍艦「布魯克林」號、英國軍艦「胡德」號、大日本帝國「石見」號和「朝日」號，以及北洋政府的軍艦「海容」號。上圖為海參崴港的全景。
1918年2月，布爾什維克在海參崴發動武裝暴動，推翻了當地的舊政權，但沒能控制局面，海參崴的社會秩序徹底崩潰。為保護自己的僑民在海參崴的利益，協約國相繼派出自己的軍艦，進行武裝示威。

法國陸軍由海參崴登陸（202-203頁）
大正七年（1918年）七月，《歷史寫真》圖文報導。

小標題：法國陸軍在斯維特蘭那大街上行進。
照片攝於1918年8月9日，由海參崴登陸的法國陸軍在斯維特蘭那大街上行進，受到了捷克軍司令官、英軍代表、以及西伯利亞白衛軍的歡迎。除了逐漸壯大的布爾什維克外，重新武裝起來的德奧戰俘成為了協約國出兵「干涉西伯利亞」的重要依據。

捷克軍團參謀長與大佐、少佐出訪日本

大正七年（1918 年）十月，《歷史寫真》圖文報導。

小標題：捷克軍團參謀長與大佐、少佐出訪日本。
左側的照片攝於 1918 年 8 月 20 日，呈現了捷克軍團的大佐（右）和少佐（左）在抵達東京後，入住車站旅館時的情形。此時他們在興奮地交談，連做夢都渴望獲得協約國的支持。他們第二天便出訪了日本陸軍大臣和外務大臣，月底時又從橫濱出發，遠航美國。右側照片中的人物是當時的捷克軍團參謀長季捷里赫斯，他對布爾什維克和德奧戰俘痛恨至極，率領捷克軍團，結合國內外的反布爾什維克力量，於 1918 年秋推翻了西伯利亞的蘇維埃政權。

西伯利亞事變　捷克軍司令官與浦潮政府幹部之來朝

（歷史寫眞大正七年十月號）
6

西伯利亞事變（其六）チエツク軍司令官ヂテリフス將軍
War reports in Siberia. (6)
The Commander of the Check-Slavak's army and the prominent men of the
Vladivostock Government at Tokyo.

寫眞の右はチエツク軍の司令官ヂテリフス將軍である。將軍は郎ち過激派及び獨逸俘虜軍を歴伏して飽まで中歐帝國と闘ひ五百年來忍し來つた鬱憤を一氣に晴して首尾よく自らの國の建設せんと企つゝある人、又は左は大正七年八月二十日浦潮なるチエツク軍の日本謝禮使チエツク、ハツロヴアツク大佐（右）と副官スバツク少佐（左）が利亞に轉戰しつゝあるチエツク軍のハツロヴアツクの健氣なる義勇軍として西伯東京着、ステーシヨンホテルに入りたるところで、千軍萬馬の間を往來して來たと見え、國際的使節としては如何にも見すぼらしい姿をしてゐた。併兩君は翌日より陸軍大臣、外務大臣、其他當路の大官を歷訪！同月末橫濱出帆米國に渡航した。

207

關於「西伯利亞干涉」的照片集錦
大正七年（1918年）十月
《歷史寫真》圖文報導。

小標題：關於「西伯利亞干涉」的照片集錦。

謝苗諾夫（左）是貝加爾湖地區白俄領袖、中將，於赤塔建立「外貝加爾地方臨時政府」，長期從事反布爾什維克的活動，並獲得捷克軍團和日本干涉軍的支持。在謝苗諾夫統治貝加爾湖地區的時期，他的軍隊肆意攔截火車，搶劫貨物，被稱為「草原強盜」。右上照片攝於1918年6月、蘇俄紅軍在與捷克軍團的激戰中敗北之後，位於圖中央的是捷克軍團指揮官，他在這場戰鬥中立下汗馬功勞。捷克軍團於6月29日推翻符拉迪沃斯托克的蘇維埃政權。右下照片為美國軍艦「布魯克林號」在符拉迪沃斯托克的碼頭租借了一個倉庫，其中的一部分被用來收容捷克軍團的傷病員。

大正七年六月浦潮の過激派赤衛軍と戰ひて逐に是を敗亡せしめたるチエツク軍は、其の意氣に於て極めて軒昂たるものがあつたけれども未だ軍隊としては充分の訓練を受けたとは言ひ得なかつた。寫眞の右上部に節すチエツク義勇兵軍の傷病兵を收容とするところ。又左には八月下旬我が軍艦ブルツ將の率ゆる北滿軍と策應して滿洲里方面の過激派及び獨墺軍を撃攘したる反過激派のセミヨーノフ軍司令官セミヨーノフ將軍である。

して大に力を盡すことゝなりたるクリン號が、アドミラル波止場に於て極めて軒昂たる指揮官となり又是が教官とも指揮官とも佛蘭西の陸軍將校。同下は是が浦潮碇泊中の米國軍艦ブルツ將司令官セミヨーノフ將軍で藤井中

西伯利亞事變（其七）浦潮の**チエツク**軍指揮官及び病院と⊿

War reports in Siberia. (7)

he Check-Slavak's army in Vladivostock, and General Semiyonov and the hospital.

西伯利亞事變　浦潮之捷克軍指揮官及病院與謝米諾夫將軍

藤井少將率領其幕僚抵達哈爾濱

大正七年（1918 年）十月

《歷史寫真》圖文報導。

小標題：藤井少將率領其幕僚抵達哈爾濱

北滿派遣部隊司令官藤井少將（左六）率領其幕僚，
於 1918 年 8 月 19 日上午 9 點，搭乘混合列車抵達哈
爾濱車站。走出月臺時，藤井少將受到了日、俄、中
三國代表的熱烈歡迎，並與俄國白軍司令官普列西柯
夫（右六）在車站前進行了親切交談。另外，普列西
柯夫還在車站前，對兩個連的捷克軍隊和一個連的中
國軍隊進行了檢閱。隨後，中國軍隊邀請藤井少將到
車站貴賓室享用茶果，並把少將及他的幕僚安排在當
地的東洋館。當天下午，藤井少將訪問並答謝了中方
人員，並於晚間出席了中方隆重的招待儀式。藤井中
將於 20 日中午出發前往戰地。

日俄戰爭之後，遭到慘敗的俄國為集中精力鎮壓國內
的革命力量，只有採取妥協的態度來處理與日本的關
係，與日本四次簽訂《日俄密約》，使日本對朝鮮、
南滿和內蒙的控制得到保留，而俄國取得了對北滿和
外蒙的支配地位。十月革命之後，大批俄國軍人、貴
族和平民避難至北滿，而哈爾濱成為了俄國境外最大
的俄國人聚居地，其中包括約 10 萬名白軍軍官和士
兵。1918 年 8 月，日軍、俄國白軍與捷克軍團聯合起
來，共同出兵對抗德奧軍隊及布爾什維克勢力。值得
一提的是，在一戰期間，中國北洋政府與協約國達成
協議，採取「以工代兵」的方式參戰，鼓勵華工出洋，
其中在俄國充當苦力的華工逾 15 萬。

西伯利亞事變　在哈爾賓之日本武藤少將與普列西柯福大將相與交歡之景

（歷史寫真大正七年十月）

西伯利亞事變（其十）ハルビンに於ける武藤少將とプレシコフ

War reports in Siberia.(1))

ng of our General Fujii and Russian General Presikov, in Kharbin.

北滿派遣隊司令官第○師團長陸軍中將藤井幸槌君は其の幕僚を從へ大正七年八月十九日午前九時混合列車に搭じてハルビン停車場に次第到着しプレシコフ大將以下日露支官民各團體代表者の歡迎を受けし後約二個中隊のチェック軍隊と更に約一個中隊の支那軍を閲兵し終つて支那側は藤井中將を同驛内の貴賓室に招待して茶菓を饗した。かくて中將は同地東洋館に投宿し、同日午後は支那側を訪問し翌二十日午後零時特別列車に乘じて戰地に向ひつ、寫眞は當日露國側の歡迎を受けつゝあるところで前列の日本武官は中將麾下の旅團長武藤信義少將である。

夜は又支那側の鄭重なる招待をなし

當日露國プレシコフ大將の歡迎を受けつゝあるところで

211

西伯利亞變事（三）　苛爾無伊克風將軍麾下之苛薩克騎兵

西伯利亞みやげ（其三）武勳赫々

ria.

and of Cossack Karamuikov.

コサツク騎兵は昔から世界に於て最も精悍なる軍隊として露西亞陸軍の誇とするところであつた。實際彼等が手足の如く乗り馴らしたる悍馬に跨り小脇に長鎗を横たへて罪々と降る吹雪の中を眞しぐらに驀進して來る威風には戰場に在る敵も味方も思はず快哉を呼ばざるを得なかつた、寫眞に示したのは西伯利亞に於けるカルムイコフ麾下のコサツク騎兵で該騎兵は大正七年十月我軍がハバロフスク市占領當時、行動を共にして大に勳功を表はしたるものである〔浦潮町田氏寄贈〕

所向披靡的哥薩克騎兵（212-213頁）

大正八年（1919年）一月，《歷史寫真》圖文報導。

小標題：哥薩克騎兵。

據俄國陸軍所稱，哥薩克騎兵自古以來就是世界上最強悍的部隊。他們腋下夾著長槍，騎著戰馬在大雪中馳騁。無論是敵人還是朋友，都會為他們的英姿颯爽而驚歎。照片中的隊伍是克洛斯諾夫將軍麾下的哥薩克騎兵，在「干涉西伯利亞」方面扮演了重要角色，於1918年10月協助日軍佔領哈巴羅夫斯克市。

第三師團輜重縱列回到名古屋

大正八年（1919年）一月，《歷史寫真》圖文報導。

小標題：第三師團輜重縱列回到名古屋。

照片攝於1918年9月，第三師團輜重縱列攜帶軍需物資，從北滿洲出發，即將前往西伯利亞。他們行動十分迅速，即使是在荒無人煙的西伯利亞地區，一天也能夠行駛十到二十公里，從而保障了日軍在前線作戰的物資需求。左下方的照片攝於同年11月下旬，第三師團在軍事上獲得勝利後，該部隊回到名古屋，在村中留守的師長、團長以及市長等人出門迎接。

皇軍の西伯利亞遠征は正に疾風曠野を渡るやうなものだされば軍の前進は比較的迅速であつて一日の間に數十里二十里と進んだから是が通り軍需品に於て殆ど滿一箇月の日子すら要しない位であつた殊に不毛蕉蕪の土地多く人家も稀れなる西伯利亞よりして而も一日の數も少いだけ其の苦心も一通りではなかつた。左下の寫真は即ち大正七年九月北滿洲方面より出動したる第三師團輜重縱列が同年十一月下旬名古屋に凱旋して食料品を次々補給する後方部隊の活動は素晴しいものである（名古屋萩野寫真館主寄贈）バイカル以東の西伯利亞よりさしも強猛なる過激派及び獨墺俘虜軍を掃蕩して愈よ平和の光景となかに中村留守師團長及び市長等の出迎への中

列縦重輜團師三第屋古名(八其)げやみ亞利伯西

Souvenir of Siberia.

rt column of the Imperial Third Division, which has returened from Siberia.

西伯利亞事變(八)　名古屋第三師團輜重縱列之凱旋

（歷史寫眞大正八年一月號）　19

國家圖書館出版品預行編目 (CIP) 資料

十月革命：宣傳版畫與國際報導精選 / 徐宗懋圖文館著. --
初版. -- 臺北市：商周出版：家庭傳媒城邦分公司發行，
2017.10
　面；　公分. -- (ART 系列；1)

ISBN 978-986-477-317-6（精裝）

1. 十月革命 2. 俄國史 3. 史料

748.282　　　　　　　　　　　106015075

Art 系列 01
十月革命：宣傳版畫與國際報導精選

主　　　編｜徐宗懋圖文館
撰　　　文｜趙子豪
責任編輯｜彭之琬、陳正益
版　　　權｜黃淑敏
行銷業務｜張媖茜、王瑜
總 經 理｜彭之琬
發 行 人｜何飛鵬
法律顧問｜元禾法律事務所王子文律師
出　　　版｜商周出版
　　　　　　台北市 104 民生東路二段 141 號 9 樓
　　　　　　電話：(02) 25007008　傳真：(02) 25007759
　　　　　　E-mail: bwp.service@cite.com.tw

發　　　行｜英屬蓋曼群島商家庭傳媒股份有限公司城邦分公司
　　　　　　台北市中山區民生東路二段 141 號 2 樓
　　　　　　書虫客服服務專線：02-25007718；25007719
　　　　　　服務時間：週一至週五上午 09:30-12:00；下午 13:30-17:00
　　　　　　24 小時傳真專線：02-25001990；25001991
　　　　　　劃撥帳號：19863813；戶名：書虫股份有限公司
　　　　　　讀者服務信箱：service@readingclub.com.tw
　　　　　　城邦讀書花園：www.cite.com.tw

香港發行所｜城邦（香港）出版集團
　　　　　　香港灣仔駱克道 193 號東超商業中心 1F　E-mail: hkcite@biznetvigator.com
　　　　　　電話：(852) 25086231　　傳真：(852) 25789337

馬新發行所｜城邦（馬新）出版集團【Cite (M) Sdn Bhd】
　　　　　　41, Jalan Radin Anum, Bandar Baru Sri Petaling,
　　　　　　57000 Kuala Lumpur, Malaysia.
　　　　　　電話：(603) 90578822　　傳真：(603) 90576622
　　　　　　Email: cite@cite.com.my

封面設計｜徐宗懋圖文館
美編排版｜張維晏
印　　　刷｜卡樂彩色製版印刷有限公司
經　　　銷｜聯合發行股份有限公司
電話：(02)2917-8022　　傳真：(02)2911-0053
地址：新北市 231 新店區寶橋路 235 巷 6 弄 6 號 2 樓
■ 2017 年 9 月 28 日初版　　Printed in Taiwan
定價 1500 元

城邦讀書花園
www.cite.com.tw